Basiswissen Grammatik

Wolfgang W. Sauer

Schroedel

Basiswissen Grammatik

Wolfgang W. Sauer

Nach gültiger Rechtschreibung 2006

Druck A[1] / Jahr 2007
Alle Drucke der Serie A sind im Unterricht parallel verwendbar.

Redaktion Sandra Wuttke-Baschek, Recklinghausen
Herstellung Nicole Hotopp
Typografie und Satz PER Medien+Marketing GmbH, Braunschweig
Druck und Bindung westermann druck GmbH, Braunschweig

ISBN 978-3-507-41077-0

Inhaltsverzeichnis

Vorwort

Das Basiswissen Grammatik stellt das Wichtigste knapp dar. Eine kurze Grammatik erfordert Beschränkung, dennoch gibt das Basiswissen die „Grammatik" der deutschen Sprache in Grundzügen wieder. Die Fachausdrücke (Termini) sind am Schulunterricht ausgerichtet und nicht an den sehr verschiedenen Theorien der Linguistik. Alle Fachausdrücke werden mit Beispielen illustriert. Am Ende des Bandes sind sie im Grammatik Glossar zusammengefasst und kurz erklärt. Die Pfeile ▶ sollen ihr Wiederfinden im Text erleichtern.

Grammatisches Wissen hat praktischen Nutzen. Dem tragen die Kästchen **Merke** Rechnung. Hier werden Tipps zur Anwendung gegeben.
Die Standardgrammatiken von 700, gar 1000 Seiten Umfang kann es nicht ersetzen, ihre Benutzung jedoch vorbereiten und erleichtern.

Basiswissen Grammatik ist eine Kurzgrammatik vor allem für Schüler der Sekundarstufe. Das Basiswissen ist ein Begleiter für den Sprachunterricht, besonders zum Nachschlagen und Wiederholen geeignet.

Mit vielfältigem Übungsmaterial und den Zusatzübungen Mix-Tour (verschiedene Grammatikphänomene werden gemeinsam geübt) bieten die Basiswissen Grammatik Übungshefte I und II Möglichkeiten zur Erprobung und Vertiefung des Gelernten. Entsprechende Verweise in diesem Nachschlagewerk zeigen auf, wo bestimmte Phänomene in den Übungsheften I und II geübt werden können.

Mit Spaß und mit Hilfe der Kunzgrammatik sowie den Übungsheften fit werden in Wort und Satz!

Hinweis:
Die Verwendung des Begriffs **Substantiv** bzw. **Nomen** ist in den einzelnen Bundesländern unterschiedlich.
Wir haben uns daher in Überschriften für beide Namen parallel entschieden.
Im Fließtext haben wir auf eine Dopplung verzichtet und verwenden den Begriff **Substantiv**.

Vgl.
Übungsheft I
➤ Seite 46–53

Wortbildung

Um die 100.000 Wörter sind in einem durchschnittlichen Wörterbuch der deutschen Sprache verzeichnet. Der kleinere Teil davon besteht aus einfachen Wörtern wie

elf, frei, groß, Tor, Meter, schießen, jagen.

Viele Wörter werden aus vorhandenen zusammengesetzt:

Elfmeter, Freistoß, Torwart, Mittelfeldspieler

oder durch Veränderung gebildet:

schießen/Schuss, jagen/Jäger, schnell/schneller, laufen/Lauf.

Zusätzlich verfügt das Deutsche über eine Reihe von Wortbausteinen, mit deren Hilfe Wörter abgewandelt werden können:

elfmal, Jägerei, freilich, befreien, größer.

Wortstamm

In jedem Wort steht ein Wortstamm, der die Sachbedeutung angibt. Er kann als selbständiges Wort auftreten, *Luft, Löwe, alt, kalt* oder um ihn herum gruppieren sich die Elemente, mit denen die Wörter gebildet werden:

lieb-en, lieb-lich, Lieb-e, Lieb-ling, be-liebt.

Manchmal verändert sich der Wortstamm:

ver-lier-en, Ver-lust, ver-lor-en, bind-en, Band, ver-bund-en.

Selbst bei der Verwendung eines Wortes kann sich der Wortstamm ändern:

ich nehm-e, du nimm-st, sie nahm, wir haben ge-nomm-en;
sie treff-en, sie traf-en, sie haben ge-troff-en.

Umlaut

Bei der Veränderung von Wortstämmen unterscheidet man den ▶ **Umlaut**:
a wird zu *ä*, *o* zu *ö*, *u* zu *ü* und *au* zu *äu:*

Ball/Bälle, Bogen/Bögen, Mund/Münder, sauer/säuerlich.

Ablaut

und den ▶ Ablaut:

singen, sang, gesungen, Gesang
trinken, trank, getrunken, Trank, Trunk, Getränk.

Präfix

Ein Wortstamm kann durch eine oder mehrere Vorsilben erweitert werden, man nennt diese Bausteine **Präfixe**.

Ge-ziere, Um-welt, Un-ruhe, ur-sprünglich, Miss-mut, Aus-ver-kauf.

trennbare Verben

Bei den Verben werden manche Präfixe vom Stamm getrennt, wenn das Wort konjugiert wird:

abfahren: ich fahre ab
loslassen: du lässt los

In diesen Fällen spricht man von trennbaren Verben.
Viele Präfixe treten auch alleine, meist als ▶ Präpositionen, auf:

ab, an, auf, aus, bei, ein, los, nach, vor, zu.

Nicht alleine stehen können die Präfixe:

be-, ent-, er-, miss-, ver-.

nicht trennbare Verben

Einige Präfixe treten als trennbare und untrennbare gleichzeitig auf.
Sie geben den (wenigen) Verben jeweils eine unterschiedliche Bedeutung:

umfahren:	*Der Fahrer umfährt die Ampel.*
	Der Fahrer fährt die Ampel um.
übersetzen:	*einen Brief übersetzen*
	über den Fluß setzen
durchwandern:	*das Tal durchwandern*
	durch das Tal wandern

Bei den trennbaren Verben liegt die Betonung auf dem Präfix.

ein-
an-
los-

Einige der Präfixe haben eine eigene Bedeutung, z. B.:

an-, ein-, los-.

miss-

Andere geben dem Wort, mit dem sie verbunden werden, eine Bedeutung,
miss- drückt aus, dass etwas falsch, schlecht oder das Gegenteil von etwas ist:

Misserfolg, missglücken, missgelaunt, missvergnügt.

un-

Mit *un-* verneinen wir im Allgemeinen:

Unglück, unzufrieden, unappetitlich.

Un- kann aber ebenso Schlechtes kennzeichnen.
Unding und *Unfall* sind nicht das Gegenteil von *Ding* und *Fall.*

Auch zur Verstärkung kann *un-* vorangestellt werden.
Unsumme ist eine sehr große Summe, riesige Mengen sind *Unmengen*.
Die letztgenannte Bedeutung von *un-* ist eher umgangssprachlich.

Suffix

Wird ein Wortstamm durch eine Endung erweitert, heißt dieser Baustein **Suffix.** Das Suffix bestimmt, zu welcher Wortart das neu gebildete Wort gehört.
▶ Substantive entstehen u. a. durch folgende Suffixe:

Pfeife, Meckerei, Spieler, Trägheit, Hindernis, Mannschaft, Irrtum, Erfrischung.

▶ Adjektive werden u. a. mit folgenden Suffixen gebildet:

trinkbar, zweifach, trotzig, sächsisch, gründlich, behelfsmäßig, langsam.

▶ Verben werden meistens mit dem Suffix *-en* gebildet:

kleiden, hechten, dampfen, üben.

Seltener enden Verben auf *-eln, -ern, -igen, -ieren:*

lächeln, sponsern, ängstigen, kritisieren.

Suffixe werden nicht nur zur Wortbildung verwendet. Wenn ein Wort durch ▶ Flexion verändert wird, geschieht dies auch durch Suffixe:

du spielst, er spielt, die Spiele, (wegen) des Spiels.

In diesen Fällen dienen die Suffixe als Flexionsendung.

Präfix & Suffix

Wortstämme können durch das gleichzeitige Auftreten von Präfixen und Suffixen verändert werden:

zu-läch-eln, un-ver-zeih-lich, Ver-ordn-ung.

Merke

Ein Wort kann also folgendermaßen aussehen:

Fuß-	**ball**		
Fußballspiel-	**er**		
un-	**be-**	**sieg-**	**bar**

Wortbildungen folgen hauptsächlich zwei Mustern:

Ableitung

1. Die Ableitung
Aus einem Wortstamm werden andere Wörter gebildet:

fahren, die Fahrt, die Fuhre, gefährlich.

Hierbei spielen Präfixe und Suffixe eine wichtige Rolle. Oft bestimmen sie die Bedeutung des Wortes entscheidend mit. *-er* gibt an, wer etwas ist oder etwas tut oder das Resultat einer Handlung:

Händler, Spieler, Treffer.

Ist der Täter weiblich, wird ein weiteres Suffix angehängt:

Täter-in, Schüler-in.

Ist die Person klein, wird das durch *-chen, -le* oder *-lein* angezeigt:

Schülerlein, Dummerchen, Schätzchen, Spätzle.

Komposita

2. Die Zusammensetzung (Komposition)
Wie der Name schon sagt, entsteht eine Komposition durch das Zusammensetzen.
Ein Kompositum (Plural: Komposita) besteht aus mindestens zwei Wörtern. Da das letzte Wort in der so entstandenen Wortaneinanderreihung die Wortart bestimmt, nennt man es Grundwort. Alle dem Grundwort vorangestellten Wörter bestimmen dieses näher und heißen daher Bestimmungswörter:

Herbst-laub, Vogel-käfig, schnee-bedeckt, Wander-weg.

Kurzwörter

Daneben gibt es die **Kurzwortbildungen**. Sie werden mit einem zusammenhängenden Teil eines Wortes gebildet:

Gabi, Klinsi, Kat, Kino, Navi, Profi, Bus.

Silbenwörter

Die „sprechenden" Abkürzungen erinnern an die ursprüngliche Bedeutung und heißen **Silbenwörter.**

Azubi (Auszubildender), Drobs (Drogenberatungsstelle),
Fewa (Feinwaschmittel)

Initialabkürzungen

WM

Zahlreich sind die **Initialabkürzungen,** d. h., die Anfangsbuchstaben eines zusammengesetzten Wortes oder einer Gruppe von Wörtern werden zu einer Abkürzung:

Weltmeisterschaft	*WM*
Deutsches Rotes Kreuz	*DRK*
Deutscher Fußballbund	*DFB*
Unbekanntes Flugobjekt	*UFO*

Kunstwörter

Neue Wörter können auch völlig künstlich entstehen, ohne dass eines der angesprochenen Wortbildungsmittel angewendet wird. Vor allem in der Werbung werden zunehmend **Kunstwörter** erfunden zur Bezeichnung neuer Produkte:

Kelts (Getränk), Vectra, Zafira (Autos).

Wortarten

Wörter lassen sich anhand ihrer Merkmale in Gruppen gliedern, die Wortarten genannt werden. Einige Wortarten können ▶ flektiert (in der Form verändert) werden, andere nicht.

Übersicht

		Bezeichnung	Grundform	Beispiel
flektierend	**konjugierend**	Verb	*spielen* *haben* *singen* *klingen*	*ich spiele* *du hast gespielt* *er sang* *er hat geklungen*
	deklinierend	Substantiv	*Ball*	*Bälle* *(mit) Bällen*
		Adjektiv	*rund*	*(mit) runden Bällen*
		Artikel	*der, die, das* *einer, eine, eines*	*die runden Bälle* *(mit) einem runden Ball*
		Pronomen*	*ich, mein, welche ...*	*mir, meines, welchem ...*
nicht flektierend		Präposition	*an, auf, mit, zwischen ...*	*zwischen den Stühlen sitzen*
		Konjunktion	*und, oder, weil, dass ...*	*... und weil ich müde bin.*
		Adverb*	*sehr, oft, abends ...*	*oft gehe ich abends ...*
		Partikel	*halt, eh, ziemlich ...*	*Das ist halt ziemlich schade.*
		Negationswort*	*nein, nicht, kein ...*	*Nein, ich will nicht.*

*Merke

Einige wenige Pronomen flektieren nicht,
z. B. *etwas*.
Einige Adverbien und Negationswörter können flektiert werden,
z. B. *oft, kein ...*

Verb

Vgl. Übungsheft I ➤ Seite 4–20
Vgl. Übungsheft II ➤ Seite 4–26

Flektierbare Wortarten

Das Verb

Von allen Wortarten hat das Verb die wichtigste Aufgabe. Ohne Verben kann kaum ein Satz gebildet werden. Das Verb hat den größten Formenbestand innerhalb der Wortarten. Mit Verben werden Handlungen, Vorgänge oder Zustände ausgedrückt.

Handlungsverben: *laufen, spielen, fahren, schwimmen.*
Vorgangsverben: *blühen, wachsen, gedeihen, schnarchen.*
Zustandsverben: *liegen, stehen, bleiben, wohnen.*

Infinitiv
Partizip

Verben sind veränderlich. Man kann sie konjugieren (beugen / verändern). Einige Formen des Verbes sind nicht veränderbar. Diese **infiniten** (unbestimmten) Formen sind:

- Infinitiv (Grundform): *laufen, rennen, schießen, lächeln,*
- Partizip I (Mittelwort der Gegenwart): *laufend, rennend, schießend, lächelnd,*
- Partizip II (Mittelwort der Vergangenheit): *gelaufen, gerannt, geschossen*
  auch: verhauen, verspielt.

Merke

Wenn Partizipien wie Adjektive benutzt werden, werden sie flektiert.

verspielte Kinder
mit laufendem Motor

finite Verbformen

Die konjugierten ▶ (**finiten** / bestimmten) Formen des Verbs geben **fünf Informationen** an. Sie sagen etwas aus über:

1. Person	*ich renne, wir laufen, wir haben gewonnen*
2. Numerus	Einzahl: *ich, du, er, sie, es* Mehrzahl: *wir, ihr, sie*
3. Tempus	*Erna schreibt. Peter schrieb. Karlotta wird schreiben.* *Erwin hatte geschrieben.*
4. Genus verbi (Aktionsform)	*Die Suppe kocht.* (aktiv) *Die Suppe wird gekocht.* (passiv)
5. Modus (Aussageweise)	*Koche die Suppe. Kochte die Suppe doch!* *Sie sagt, sie koche die Suppe.*

Person
Numerus

▶ **Person** und ▶ **Numerus** lassen sich an den Endungen ablesen.

Singular (Einzahl)	Plural (Mehrzahl)
ich gehe du gehst sie / er / es geht	wir gehen ihr geht sie gehen

Tempus

Das **Tempus** (Plural: Tempora) des Verbs gibt die zeitliche Zuordnung an. Es gibt mehr grammatische Zeitformen als Stufen auf der realen Zeitachse, d. h., für die zeitlichen Beziehungen Vergangenheit – Gegenwart – Zukunft stehen mehr Verbformen zur Verfügung, als bei der wirklichen Kommunikation benötigt werden.

Die lateinischen Bezeichnungen der Tempora und ihre deutschen Entsprechungen sagen nur wenig über die tatsächliche Leistung und Funktion der Zeitformen aus. Sie sollten nur als bloße Namen verstanden werden.

Die sechs grammatischen Tempora sind:

▶ **Präsens**	ich gehe, du gehst ...
▶ **Präteritum**	ich ging, du gingst ...
▶ Perfekt	ich bin gegangen, du bist gegangen ...
▶ Plusquamperfekt	ich war gegangen, du warst gegangen ...
▶ Futur I	ich werde gehen, du wirst gehen ...
▶ Futur II	ich werde gegangen sein, du wirst gegangen sein ...

Die einzelnen Tempora werden unterschiedlich häufig gebraucht. Auf Präsens und Präteritum entfallen etwa 70 % aller Verbformen in der geschriebenen Sprache, in der gesprochenen sind es weniger. Hier wird anstelle des Präteritums gerne das Perfekt – unterschiedlich in Nord- und Süddeutschland – gebraucht. Die Futurformen und das Plusquamperfekt werden selten gebraucht.

Haupttempora
Nebentempora

Hilfsverb

Präsens und Präteritum werden als **Haupttempora** bezeichnet, alle anderen Formen als **Nebentempora.** Die Haupttempora heißen auch einfache Zeiten, weil sie lediglich durch Endungen und/oder Veränderungen am Stamm des Verbs gebildet werden. Die Nebentempora werden auch als zusammengesetzte Zeiten bezeichnet, da zu ihrer Bildung zwei Verben nötig sind. Das erste, ein ▶ Hilfsverb in ▶ finiter Form, trägt die grammatischen Informationen [s. Tab. S. 45 ff.]. Die Bedeutung wird vom zweiten Verb angegeben. Als Hilfsverben dienen (fungieren) *haben, sein, werden,* als bedeutungstragende Teile ein Partizip II oder ein Infinitiv.

Ich habe gegessen und werde gleich schlafen.

Ich	habe	gegessen	und	werde	gleich	schlafen.
	▼	▼		▼		▼
	Hilfs-verb	*Parti-zip II*		*Hilfs-verb*		*Infinitiv*

Tempus und wirkliche Zeit

Die grammatischen Tempora haben keine eindeutige Zuordnung zu realen Zeitverhältnissen. Neben den verschiedenen Tempora können auch durch andere sprachliche Mittel Zeitbezüge hergestellt werden:

Ich fahre nach Berlin.
Ich fahre gleich nach Berlin.
Ich fahre nächste Woche nach Berlin.
Goethe fährt im März 1820 nach Berlin.

Die Verwendung der Tempora ist nicht nur von den zeitlichen Verhältnissen abhängig, sondern auch von anderen Faktoren. Mit dem **Futur I** zum Beispiel kann eine Vermutung geäußert oder eine Aufforderung ausgedrückt werden:

Du wirst noch berühmt werden.
Du wirst jetzt abwaschen.

Ein und dieselbe Tempusform des Verbs kann sich auf Ereignisse beziehen, die zu unterschiedlichen Zeitpunkten (reale Zeitachse: Vergangenheit – Gegenwart – Zukunft) stattfinden bzw. stattgefunden haben.

Die Verwendungsmöglichkeiten der grammatischen Tempora stellen sich folgendermaßen dar:

reale Zeitachse / Tempusformen	Vergangenheit	Gegenwart	Zukunft
Präsens	*Goethe fährt im März 1820 nach Berlin.*	*Ich fahre nach Berlin.*	*Ich fahre nächste Woche nach Berlin.*
Futur I		*Du wirst jetzt abwaschen.*	*Du wirst noch berühmt werden.*
Präteritum	*Er fuhr nach Berlin.*		
Perfekt	*Er hat es gemacht.*	*Sie hat's geschafft (und ist nun fertig).*	*Morgen um diese Zeit haben wir es geschafft.*
Plusquamperfekt	*Er hatte es gemacht.*		
Futur II		*Er wird sich einen Schnupfen geholt haben.*	*In 3 Wochen wird er sein Abi gemacht haben.*

Genus verbi
Aktiv

Das **Genus verbi** hat zwei Formen, **Aktiv** und **Passiv**.
Mit dem **Aktiv** drückt man aus:
– wer etwas tut,
– was geschieht,
– in welchem Zustand sich etwas befindet.

Das Tor wackelt, die Latte kracht, der Torwart schläft, der Ball ruht.

Passiv

Das **Passiv** stellt den Vorgang oder einen Zustand in den Vordergrund. Wird ein Vorgang beschrieben, werden die Formen mit *werden* + dem Partizip II gebildet (Vorgangspassiv, s. S. 48 f.):

Der Stürmer wird gefoult, der Ball ist ins Abseits geschossen worden.

Zur Angabe eines Zustands werden die Formen mit *sein* + dem Partizip II gebildet (Zustandspassiv, s. S. 49):

Das Spiel ist gelaufen, die Fahnen waren aufgezogen.

transitive Verben

Passivformen können nur mit solchen Verben gebildet werden, die im Aktiv mit einem Objekt im Akkusativ verbunden werden können. Diese Verben heißen transitiv.
Bei den Verbformen im Passiv wird dann das ▶ Akkusativobjekt zum Subjekt, d. h. zu dem Teil des Satzes, auf den das Geschehen gerichtet ist. Die Angabe des Handelnden kann mit den Wörtern *von* oder *durch* erfolgen, muss es aber nicht:

Aktiv: *Bernhardiner retten die eingeschneiten Skiläufer.*
Passiv: *Die eingeschneiten Skiläufer werden gerettet (von Bernhardinern / durch Bernhardiner).*

Merke

Auch einige intransitive Verben (Verben ohne Akkusativobjekt) können ein Passiv bilden:

Damit ist mir nicht geholfen.
Es wird jetzt aufgestanden.

Nicht alle transitiven Verben sind passivfähig:

Peter hat (= besitzt) drei Fahrräder.
Nicht möglich: *Drei Fahrräder werden von Peter gehabt.*
Ich schüttle den Kopf.
Nicht möglich: *Der Kopf wird von mir geschüttelt.*

Modus

Der ▶ **Modus** (Plural: Modi)
Um eine Einstellung zur Aussage eines Satzes zu kennzeichnen, bedient sich der Sprecher / Schreiber der Möglichkeiten, die die Modi der Verbform bieten. Jeder Satz enthält einen Modus.

Indikativ

Neutralität drückt der **Indikativ** aus, er gibt an, dass etwas tatsächlich ist, war oder sein wird:

Donald gewinnt die Weltmeisterschaft.
Dagobert ist der reichste Mann der Welt.
Emil Erpel gründete Entenhausen.
Minni Maus wird Frauenbeauftragte.

Imperativ

Der **Imperativ**, die Befehlsform, drückt aus, dass etwas sein oder geschehen soll:

Sei nicht so grantig!
Triff doch endlich mal!
Esst den Kuchen auf!

Konjunktiv

Mit dem **Konjunktiv** werden die Möglichkeit oder die Nicht-Wirklichkeit ausgedrückt.
Vor allem Wünsche und Aufforderungen werden mit dem Konjunktiv formuliert (auch Zweifel):

Hätte ich doch ein Auto.
Würden Sie mir bitte folgen!

Im Deutschen gibt es zwei Formen des Konjunktivs, den Konjunktiv Präsens (auch als Konjunktiv I bezeichnet) und den Konjunktiv Präteritum (Konjunktiv II).
Der **Konjunktiv Präsens** kommt in Hauptsätzen nur selten vor, dort tritt er meistens nur noch in formelhaften Wendungen auf:

Gott sei Dank!
Man nehme zwei Zehen Knoblauch!

Häufiger wird der Konjunktiv Präsens als Zeitform in der indirekten (abhängigen) Rede gebraucht:

Der Trainer meinte, das Spiel sei so miserabel gewesen,
dass die ganze Mannschaft sich schämen solle.

Die Formen des **Konjunktiv Präteritum** werden oft als altertümlich empfunden, sie werden zunehmend mit *würde* + Infinitiv umschrieben:

Hülfest du mir beim Tragen / würdest du mir beim Tragen helfen?
Wögen Sie mir das bitte aus / Würden Sie mir das bitte auswiegen?

Merke

Es gibt **Formen des Konjunktivs II**, die nicht auf die heute gebräuchliche Form des Präteritums zurückzuführen sind:

schwömme ▶ zu schwimmen ▶ schwamm
stünde ▶ zu stehen ▶ stand

Diese ungewöhnlichen Formen beziehen sich auf **ältere sprachgeschichtliche Erscheinungen**.

Merke

Um Wünsche, Möglichkeiten oder notwendige Handlungen auszudrücken, werden häufig ▶ **Modalverben** verwendet. Diese geben den finiten Teil der Äußerung an, ihre Aussage wird mit einem angeschlossenen Infinitiv ausgedrückt.

Dürfen wir wiederkommen?
Sie können das gerne tun, wenn sie mögen, müssen aber vorher Bescheid sagen.
Sollen wir anrufen?
Wollen Sie meine Telefonnummer haben?

Seine Einstellung zu einer Aussage kann man auch mit ▶ **Modaladverbien** ausdrücken:

Gerne komme ich ins Theater mit.
Vielleicht bestellen wir vorher Karten.
Sicherlich wird es voll.

Zu den Formen des Verbs

Nach der Art der ▶ **Konjugation** unterscheidet man ▶ regelmäßige und ▶ unregelmäßige Verben (andere Bezeichnungen dafür sind starke und schwache Verben):

regelmäßige Verben

unregelmäßige Verben

Regelmäßige Verben bilden ihr Präteritum mit der Erweiterung *-t-*, unregelmäßige Verben ohne eine Erweiterung.

Regelmäßige Verben bilden ihr Partizip II mit dem Suffix *-t* oder *-et*, unregelmäßige Verben mit dem Suffix *-en*.

Regelmäßige Verben verändern im Präteritum und beim Partizip II ihren Stammvokal nicht, unregelmäßige Verben tun dies. Diese Erscheinung heißt **Ablaut**.

Regelmäßig:		Unregelmäßig:		
spielen	ich spiel-t-e, gespiel-t	singen	ich sang,	gesung-en
beten	ich bete-t-e, gebet-et	schwimmen	ich schwamm,	geschwomm-en.

Bei mehreren unregelmäßigen Verben tritt in einigen Formen des Präsens, manchmal auch noch beim ▶ **Imperativ** zusätzlich ein Wandel des Stammvokals auf:

nehmen, ich nehme, du nimmst, nimm!
halten, ich halte, du hältst, halte!
geben, er gibt, gib!

Konjunktiv Präsens

Die Formen des **Konjunktiv Präsens** zeichnen sich dadurch aus, dass in allen Endungen ein *-e-* erscheint.

z. B.: springen (regelmäßig)

-e-

Indikativ	Konjunktiv Präsens
ich springe	*ich springe*
du springst	*du springest*
er/sie/es springt	*er/sie/es springe*
wir springen	*wir springen*
ihr springt	*ihr springet*
sie springen	*sie springen*

Bei den unregelmäßigen Verben tritt im Konjunktiv Präsens kein Ablaut auf:

nehmen: *du nimmst* *du nehmest*
man nimmt *man nehme*

Konjunktiv Präteritum

Der **Konjunktiv Präteritum** stimmt bei den regelmäßigen Verben mit dem Indikativ überein:

Indikativ Konjunktiv Präteritum
er spielte *er spielte*

Bei den unregelmäßigen Verben tritt hier in allen Endungen immer auch ein *-e-* auf:

Indikativ Konjunktiv Präteritum
du schriebst *du schriebest*
ihr schriebt *ihr schriebet*

Wenn der Stammvokal umlautfähig ist, wird er bei den unregelmäßigen Verben zusätzlich noch umgelautet:

(Stellt euch vor:)
du befählest, ihr lüdet und wir schössen (befahl, lud, schoss).

Imperativ

Der **Imperativ** verfügt nur über zwei eigenständige Formen, die eine für die 2. Pers. Singular und die andere für die 2. Pers. Plural.

-e

Im Singular werden die Imperative entweder mit der Endung -e, die an den Stamm gefügt wird, oder endungslos gebildet:

Siehe, sieh, laufe, lauf, nimm, gib!

Im Plural wird die Endung -t an den Stamm angefügt:

seht, lauft, nehmt, gebt!

[Eine vollständige Tabelle zu den Formen des Verbs s. S. 45 ff.]

Substantiv

Das Substantiv (Nomen)

▶ Substantive bezeichnen konkrete Personen oder Dinge:

Kind, Ball, Tor.

Dazu gehören auch Sammelnamen:

Obst, Gemüse, Leute, Gepäck

und Eigennamen:

Franz Beckenbauer, Hamburg, Schweiz, Eulenspiegel.

Sie bezeichnen auch Abstraktes, Nicht-Gegenständliches wie

Handlungen:	*Lauf, Wurf, Schuss*
Vorgänge:	*Reise, Flug, Essen*
Zustände:	*Freude, Hektik, Jugend*
Ideen:	*Seele, Gleichheit*
Verhältnisse:	*Ferne, Nähe*
Eigenschaften:	*Mut, Zärtlichkeit*

Substantive sind – wie die Verben – veränderlich. Sie lassen sich ▶ deklinieren (beugen). Jede Form des Substantivs gibt drei Informationen an:

Genus, Numerus, Kasus

Genus

Alle Substantive haben ein grammatisches Geschlecht (das ▶ **Genus**). Das Deutsche kennt drei **Genera:**

Maskulinum	(männlich)	Plural:	Maskulina
Femininum	(weiblich)	Plural:	Feminina
Neutrum	(sächlich)	Plural:	Neutra

Sicher zeigt der Artikel das **Genus** eines Wortes an. Das grammatische Geschlecht ist eine formale Kategorie, die häufig nicht mit dem natürlichen Geschlecht (Sexus) übereinstimmt. Streng genommen ist eine Parallelität von grammatischem und natürlichem Geschlecht nur bei Maskulina und Feminina / männlich und weiblich möglich:

der Mann, die Frau,
das Kind ist entweder männlich oder weiblich.

Warum es *der Tisch*, *die Tür* oder *das Haus* heißt, ist nicht durch die Wirklichkeit begründet, sondern kann – oft nur unvollkommen – lediglich sprachgeschichtlich erklärt werden.

Merke

Einige Substantive kommen nur im Singular oder nur im Plural vor:

Nur im Singular stehen:
... viele **Stoffbezeichnungen**
Milch, Mehl, Gold
... manche **Kollektiva**
Obst, Vieh, Gesundheit, Leute
... manche **Abstrakta**
Mut, Fleiß, Betragen

Nur im Plural stehen:
... manche **Warenbezeichnungen**
Textilien, Kurzwaren
... manche **Krankheiten**
Masern, Röteln
... einige **geografische Bezeichnungen**
die Alpen, die Niederlande
... manche **Bezeichnungen für Zeiträume**
Ferien, Ostern, Flitterwochen

-nis
-keit
-heit

Einen Einfluss auf das grammatische Geschlecht haben oft die Endungen der Wörter. Z. B. sind diejenigen auf -keit und -heit immer feminin, die auf -nis neutral.

-chen
-lein

Da die Verkleinerungsformen auf -chen und -lein grammatisch immer neutral sind, kommt es zu Formen wie:

das Jüngelchen (von: *der Junge*), *das Bärlein* (von: *der Bär*),
das Mütterchen (von: *die Mutter*).

Bei Personenbezeichnungen wie:

das *Fräulein* (von: die Frau) und das *Mädchen* (von: die Maid)

wird dieser Unterschied zwischen Genus und Sexus heute oft als diskriminierend empfunden.

Merke

Berufsbezeichnungen auf -er können durch Anfügen von -in zwar in weibliche Formen umgewandelt werden, doch müssen diese Übereinstimmungen zwischen natürlichem und grammatischem Geschlecht dann beim Sprechen / Schreiben immer realisiert werden:

Lehrerinnen und Lehrer und Schülerinnen und Schüler aus Babelsberg trafen sich mit Arbeiterinnen und Arbeitern sowie Vertreterinnen und Vertretern der Firmenleitung, um Einblick in eine Autofabrik zu erlangen.

Formen wie *SchülerInnen, ArbeiterInnen, LehrerInnen* sind gelegentlich anzutreffen. Das große „I" soll dabei anzeigen, dass Lehrer, Schüler und Arbeiter mit gemeint sind. Diese Formen müssen beim Sprechen doppelt wiedergegeben werden (*Lehrer und Lehrerinnen* ...). Von der Rechtschreibung her gelten sie nicht als korrekt.

Numerus
Singular
Plural

Der **Numerus** gibt beim Substantiv an, ob das Benannte einmal oder mehrfach vorhanden ist. Wie beim Verb werden zwei Numeri unterschieden: Singular und Plural.
Angezeigt wird der Numerus durch begleitende Wörter, wie z. B. den Artikel und durch die Form des Substantivs:

der Wolf, die Wölfe, das Ereignis, die Ereignisse, dieses Radio, diese Radios.

Einige Substantive stehen nur im Singular:

Mehl, Zucker, Hunger und Durst,

andere nur im Plural:

Eltern, Masern, Ferien.

Etliche Substantive bilden im Plural Doppelformen. Oft ist dann die zweite Form umgangssprachlich oder regional verbreitet.

standardsprachlich	**umgangssprachlich / regional**
das Mädel / die Mädel	*die Mädels*
der Junge / die Jungen	*die Jungs*
das Lager / die Lager	*die Läger*

In anderen Fällen markieren die verschiedenen Pluralformen einen Bedeutungsunterschied:

Bank	*Bänke (Möbel)*	*Banken (Geldinstitute)*
Mann	*Männer*	*Mannen (Gefolgsleute)*
Wort	*Worte (zusammenhängende)*	*Wörter (einzelne)*

Fremdplurale

Zahlreich sind im Deutschen Pluralformen aus anderen Sprachen (Fremdplurale).
Mit der angeglichenen Form konkurriert dann meistens eine einfachere, die dem mehrheitlichen Sprachgebrauch entspricht:

Komma	*Kommata*	*Kommas*
Kaktus	*Kakteen*	*Kaktusse*
Atlas	*Atlanten*	*Atlasse*
Espresso	*Espressi*	*Espressos*
Adverb	*Adverbia*	*Adverben*

Kasus

Mit dem **Kasus** (Fall) werden die Möglichkeiten gekennzeichnet, die ein Substantiv innerhalb eines Satzes spielen kann. Im heutigen Deutsch gibt es vier Fälle (Kasūs):
Nominativ, Genitiv, Dativ, Akkusativ,
die sowohl im Singular als auch im Plural vorkommen.

Der Kasus ist oft abhängig von Wörtern, die sich auf das Substantiv beziehen.

Verben, Präpositionen und Adjektive sind die Wortarten, die Einfluss auf das Substantiv nehmen können.

	Verb	Präposition	Adjektiv
Akkusativ	jemanden hören, jemanden sehen	auf jemanden hören	___________
Dativ	jemandem helfen, jemandem danken	mit jemandem sprechen	jemandem behilflich sein
Genitiv	jemandes gedenken	statt meiner	voll guter Ideen

Die Fähigkeit dieser drei Wortarten, den Kasus eines Substantivs zu bestimmen, heißt **Rektion.**

Zu den Formen des Substantivs

Deklination

Beim Substantiv unterscheidet man nach der Art der ▶ Flexion. In der deutschen Sprache lassen sich mehrere Typen der Deklination unterscheiden. Die beiden hauptsächlichen werden als stark oder schwach bezeichnet. Eindeutige Merkmale für die verschiedenen Deklinationsklassen gibt es im Gegenwartsdeutsch nicht mehr, das hat historische Gründe. Heute sind nur noch Trends erkennbar:

- Fast alle Deklinationen unterscheiden zwischen Singular und Plural:

  Jahr/Jahre, Gast/Gäste, Haus/Häuser, Bär/Bären, Ball/Bälle, Student/Studenten, Ente/Enten, Sofa/Sofas, Mutter/Mütter;
  Ausnahmen: z. B. *das Segel/die Segel, das Messer/die Messer.*

-s
-es

- Der Genitiv wird im Singular häufig mit -s/-es markiert:

  des Gastes, des Balles, des Sofas.

	Kasūs (Fälle)	schwache Deklination		starke Deklination
Singular	Nominativ	der Bär	die Frau	das Kind
	Genitiv	des Bären	der Frau	des Kindes
	Dativ	dem Bären	der Frau	dem Kind(e)
	Akkusativ	den Bären	die Frau	das Kind
Plural	Nominativ	die Bären	die Frauen	die Kinder
	Genitiv	der Bären	der Frauen	der Kinder
	Dativ	den Bären	den Frauen	den Kindern
	Akkusativ	die Bären	die Frauen	die Kinder

Der Artikel

Artikel

Der Artikel (Geschlechtswort) wird als Begleiter des Substantivs verwendet und gibt das Genus, den Kasus und den Numerus an. Er stimmt immer mit dem dazugehörigen Substantiv überein, d. h. er ist formal ▶ kongruent.
Es gibt bestimmte und unbestimmte Artikel, nämlich:

der
einer

bestimmte Artikel: *der, die, das,*
unbestimmte Artikel: *einer, eine, eines.*

Die Artikel werden ▶ flektiert wie das Substantiv, die unbestimten Artikel können aber keinen Plural bilden. Ersatzweise werden statt dessen ▶ Pronomen wie *manche, einige* usw. verwendet.

	bestimmter Artikel			**unbestimmter Artikel**		
	Mask.	Fem.	Neutr.	Mask.	Fem.	Neutr.
Nom.	der	die	das	ein	eine	ein
Gen.	des	der	des	eines	einer	eines
Dat.	dem	der	dem	einem	einer	einem
Akk.	den	die	das	einen	eine	ein
	Der Plural ist für alle gleich: die, der, den, die			kein Plural		

Einige ▶ Präpositionen verschmelzen mit dem Artikel zu einem Wort, bei dem man nur an der Endung den ursprünglichen Artikel erkennen kann:

an dem → am,
auf das → aufs,
von dem → vom.

Pronomen

Vgl. Übungsheft I ➤ Seite 28–34

Das Pronomen

Das Pronomen (Für-Wort) fungiert als Stellvertreter für ein Substantiv / Nomen. Es ist wichtig für die Gestaltung von Texten, denn es ermöglicht den Bezug auf Personen, Dinge oder Sachverhalte, über die bereits gesprochen wurde. Pronomen tragen zur Ökonomie der Sprache bei, weil sie häufige Wiederholungen vermeiden.

Der Kunde kauft ein Fahrrad. Der Kunde braucht das Fahrrad,
weil der Kunde mit dem Rad in des Kunden neuen Garten fahren will.

So klingt der Text sperrig oder gar unmöglich. Ohne Pronomen wird diesen Text niemand lesen wollen. Also:

Der Kunde kauft ein Fahrrad. Er braucht es, weil er mit ihm in seinen neuen Garten fahren will.

Pronomen ersetzen nicht nur Substantive, sie treten auch als ihr Begleiter auf.
Dabei ähneln sie dem Artikel, sie bestimmen das Substantiv näher.

Singular: Der / Dieser / Dein / Derselbe / Kein
Plural: Beide / Alle
→ Reifen ist / sind platt.

Die Wortart Pronomen umfasst weniger als 100 Wörter. Diese lassen sich aufgrund bestimmter Kriterien in Gruppen zusammenfassen:

Personalpronomen

ich

wir

es

Das Personalpronomen
Das Personalpronomen stellt – wie der Name sagt – Beziehungen zu Personen her. Es zeigt an:

– wer spricht *ich, wir*
– wer angesprochen wird *du, ihr*
– über welche Person (Sache) gesprochen wird *er, sie, es*
im Plural: *sie*

[Flektierte Formen s. Tabelle S. 50]

Merke

Die Pluralform *Sie* – großgeschrieben – dient zur höflichen Anrede auch einer einzelnen Person. Auch ihre flektierten Formen *Ihrer, Ihnen*
sowie das Possessivpronomen *Ihr, Ihre, Ihres* werden in der Anrede großgeschrieben.

Reflexiv-
pronomen

Das Reflexivpronomen
Das Reflexivpronomen *sich* hat rückweisende Funktion, es bezieht sich im Allgemeinen auf das Subjekt des Satzes und zeigt an, dass sich das Geschehen auf die Person oder Sache bezieht, die vom Subjekt genannt wird:

sich

Erst wäscht Susi sich, dann ihren Pullover.

Die Form *sich* bezieht sich immer auf die dritte Person, für die erste und zweite Person werden *mich, dich, uns, euch* hilfsweise verwendet:

mich

Ich schäme mich, dass ich mich so schlecht verteidigt habe und mir dauernd widersprochen habe.

Bei einigen Verben ist das Reflexivpronomen immer notwendig, es kann nicht weggelassen oder ausgetauscht werden:

Der Reiter verirrt sich, er entschließt sich umzukehren.

[Flektierte Formen s. Tabelle S. 50]

Possessiv-
pronomen

Das Possessivpronomen
Das Possessivpronomen zeigt ein Besitzverhältnis oder allgemein die Zugehörigkeit an:

eure

Ich gehe schon mal in meine Hütte und nehme eure Rucksäcke mit.

Es gibt sechs Possessivpronomen: *mein, dein, sein/ihr, unser, euer, ihr.*

Demonstrativ-
pronomen

Das Demonstrativpronomen
Das Demonstrativpronomen verweist mit Nachdruck auf eine Person oder Sache.
Die Demonstrativpronomen treten wie die Artikel als Begleiter eines Substantivs auf oder werden wie Pronomen als Stellvertreter eines Substantivs gebraucht:

dieses

Das Spiel ist langweilig./Dieses Spiel ist langweilig.
In den fernen Zeiten der Völkerwanderung hatten die Pech, die nicht gut zu Fuß waren./
In jenen fernen Zeiten der Völkerwanderung hatten diejenigen Pech, die nicht gut zu Fuß waren.

Der, die, das fungieren als Demonstrativpronomen, wenn sie besonders betont gesprochen und als Stellvertreter eines Substantivs benutzt werden:

Wo ist Peter? Den hab ich nicht gesehen.

selbst

Der Formenbestand ist überschaubar: Zu den genannten Demonstrativpronomen kommen noch *derselbe* und die undeklinierbaren Wörter *selbst* und *selber*, die immer hinter dem Bezugswort stehen:

Das Spiel selbst war prima, das hat der Trainer den verdutzten Reportern selber gesagt.

Relativ-pronomen

der

Das Relativpronomen
Mit den Relativpronomen werden ▶ Relativsätze eingeleitet:

Der Rucksack, der am Ufer steht, gehört nicht uns. Ich frage mich, wem er gehört.

Relativpronomen sind: *der, die, das, welcher, welche, welches, wer, was.*
Die Formen sind flektierbar.

Merke

Die Formen von *welcher, welche, welches* gelten heute als altertümlich und werden nur selten verwendet.

Interrogativ-pronomen

welchen

Das Interrogativpronomen
Mit den Interrogativpronomen wer, was, wem, wen und welcher, welche, welches werden Fragen eingeleitet:

Wer leiht mir einen Stift? Welchen willst du haben?

Die Interrogativpronomen sind ▶ flektierbar.

Indefinit-pronomen

jemanden

Das Indefinitpronomen
Die Indefinitpronomen haben eine unbestimmte Bedeutung. Sie werden gebraucht, wenn Personen, Sachen einzeln oder in Gruppen nicht näher bezeichnet werden sollen oder wenn Mengen und Maße unbestimmt ausgedrückt werden sollen:

Sie wollte jemanden treffen, der etwas über die Wüste wusste.
Keiner konnte ihr helfen, ihr irgendeinen Tipp geben.

Zu den Indefinitpronomen gehören unter anderem:

einige, etliche, etwas, jemand, kein, niemand, all, manch, ein bisschen, ein wenig, ein paar, jeder, jedermann, man, nichts.

Merke

Einige Indefinitpronomen sind nicht flektierbar:

etwas, man, nichts.

Adjektiv

Das Adjektiv

Vgl. Übungsheft I ➤ Seite 21–27

Allgemein nennt das Adjektiv Merkmale oder Eigenschaften.
Die Adjektive treten hauptsächlich an zwei Stellen im Satz auf:

1. *Die … Wüste lebt – die öde Wüste lebt.*
2. *Die Wüste ist … – die Wüste ist öde.*

Im ersten Fall spricht man vom attributiven, im zweiten vom prädikativen Gebrauch des Adjektivs.

Die meisten Adjektive treten als Gegensatzpaare auf:

hell/dunkel, leicht/schwer, klar/trübe, klar/unklar, gut/böse, hungrig/satt.

Zu einigen Adjektiven gibt es keine gegensätzliche Entsprechung (z. B. *durstig*).

Die Bedeutung von Adjektiven ist oft relativ:

ein hoher Stuhl, ein hohes Haus und ein hoher Berg

unterscheiden sich stark im Ausmaß ihrer Höhe.

attributiv

Adjektive werden dekliniert, wenn sie ein Substantiv näher bestimmen und ▶ attributiv gebraucht werden:

Die großen und kleinen Freuden des Lebens muss man genießen.

▶ Unflektiert stehen Adjektive selten beim Substantiv. Vor dem Substantiv lassen die unflektierten Formen auf altertümliche Sprache schließen, sie kommen dann häufig in formelhaften Wendungen vor:

Lieb Vaterland, welch grausam Spiel, ruhig Blut.

Hinter dem Substantiv wirken ▶ unflektiert gebrauchte Adjektive auch eher altertümlich, formelhaft:

Hänschen klein, Vater unser.

In der Werbung:

Henkell trocken, Jacobs mild, Krönung light

und in salopper Sprache:

Werner beinhart: „Eh, wir hatten Urlaub pur, mit Fußball total und Bier satt."

sind sie heute wieder populär.

prädikativ

Prädikativ gebrauchte Adjektive treten meistens in Verbindung mit sein, werden oder machen auf. Sie bleiben ▶ unflektiert:

Der Film ist gruselig. Du wirst garantiert ängstlich, aber die Monster machen sich gut in der Geschichte.

Merke

Undekliniert bleiben Adjektive auch, wenn sie als ▶ Adverb gebraucht werden.

Der Nussriegel schmeckt ranzig, obwohl er lecker aussieht.
(wie schmeckt er?, wie sieht er aus?)

Zu den Formen des Adjektivs

Vgl. Übungsheft I ➤ Seite 39–41

Wenn Adjektive als Attribute gebraucht werden, werden sie verschieden dekliniert. Ihre Form richtet sich dabei danach, ob sie mit einem **bestimmten Artikel,** einem **unbestimmten Artikel** oder **ohne Artikel** verwendet werden.

z. B.:

der riesige Unsinn
ein riesiger Unsinn
riesiger Unsinn

die schwere Not
eine schwere Not
schwere Not

das große Pech
ein großes Pech
großes Pech

[Die vollständigen Deklinationstabellen des Adjektivs s. S. 51]

Steigerung

Steigerung
Die meisten Adjektive können Vergleichsformen bilden, d. h., sie können gesteigert werden. So werden unterschiedliche Grade einer Eigenschaft gekennzeichnet. Die Formen sind:

Komparativ
Superlativ

Grundstufe		***hoch, tief***
1. Vergleichsstufe	Komparativ	*höher, tiefer*
2. Vergleichsstufe (Höchststufe)	Superlativ	*am höchsten, am tiefsten*

Merke

Superlative können auch außerhalb eines Vergleichs gebraucht werden, um einen sehr hohen Grad zu bezeichnen.

Mein liebster Herbert, hast du dir schon die neuste CD von „Wir sind Helden“ gekauft?

Elativ

Dieser absolute Superlativ heißt Elativ.

Bei einigen Adjektiven ist die Steigerung unregelmäßig, sie haben verschiedene Formen, z. B.:

gut, besser, am besten.

Bei zweigliedrigen Adjektiven wird der erste Bestandteil gesteigert, wenn beide Glieder noch ihre eigene Bedeutung haben:

nahe liegend, näher liegend, am nächsten liegend
langlebig, länger lebig, am längsten lebig

Bei einigen Adjektiven sind zwei Formen möglich:

schwerwiegend, schwerer wiegend / schwerwiegender
zart besaitet, zarter besaitet / zartbesaiteter

Wenige zusammengesetzte Adjektive mit eigener Bedeutung werden nur mit dem zweiten Bestandteil in die Vergleichsformen gesetzt:

hochfliegend, die hochfliegendsten Pläne
weit verzweigt, die weitverzweigtesten Unternehmen

Merke

Achtung! Die neue Rechtschreibung gibt keine verlässlichen Hinweise mehr auf die zu steigernden Teile eines zusammengesetzten Adjektivs.

Merke

Nicht steigerbar sind solche Adjektive, deren Bedeutung die Bildung von Vergleichsformen ausschließt:

ledig, schwanger, rund, leblos, einig, einzig, maximal, optimal, absolut.

Zahladjektive

Zahladjektive
Die Zahlen können zu den Adjektiven gerechnet werden, weil sie in der Position von ▶ attributiven Adjektiven gebraucht werden können:

zwei

die grünen Fahrräder	*die zwei Fahrräder*
das graue Fahrrad	*das erste Fahrrad*
gelbe Fahrräder	*fünf Fahrräder*

Das Zahladjektiv gliedert sich in zwei Hauptgruppen:

erster

Kardinalzahlen (Grundzahlen): *eins, zwei, hundert*
Ordinalzahlen (Ordungszahlen): *erster, dritter, zehnter*

dazu treten die Bruchzahlen und die unbestimmten Zahladjektive *(ein Viertel, ein Hunderstel, einzelne, andere, wenige).*

Die meisten Kardinalzahlen werden nicht ▶ dekliniert, aber:
Hunderte, Millionen.

Unflektierbare Wortarten

Schon vor *Beginn der Reise gab es Streit,* ***ob*** *die Fahrräder* ***auch*** *mitgenommen werden sollen. „Wir können uns* ***ja*** *welche leihen", meinte Erwin. „Das ist* ***gar nicht*** *teuer,* ***weil*** *wir* ***doch*** *eine Ferienkarte haben.""„****Bloß*** *kein Theater", warf Edwina ein, „****mit oder ohne****, das soll* ***halt*** *jeder* ***für*** *sich entscheiden."*

Alle **halbfett** gesetzten Wörter in diesem Text haben eine gemeinsame Eigenschaft: Sie sind unveränderlich. Im Gegensatz zu den Verben, Substantiven, Pronomen, Adjektiven und Artikeln können sie nicht flektiert werden. Diese Wörter bilden eine Restklasse, die durch das Merkmal ▶ unflektierbar gekennzeichnet ist.

unflektierbar

Die unflektierbaren Wortarten werden untergliedert in:

- Adverbien *schon, etwa, wohl*
- Partikeln *auch, ja, doch, nicht, bloß*
- Präpositionen *vor, mit, oder, für*
- Konjunktionen *ob, weil*

Die Wörter dieser Klasse lassen sich nicht so eindeutig zuordnen wie die bisher behandelten. Einige sind z. B. doch eingeschränkt flektierbar:

wohl, wohler, am wohlsten,

es kann aber **nicht** heißen:

das kannst du wohler vergessen,
der wohlere Typ.

Andere können mehreren Wortarten zugeordnet werden:

Aber und aber (Adverb) *rief Heinz Henriette an, aber* (Konjunktion) *sie war nicht zu sprechen. Sie war aber* (Partikel) *eine liebe Freundin, daher bemühte er sich immer weiter.*

Adverb

Das Adverb

-e

Die Adverbien dienen vor allem zur Bestimmung eines Umstandes, deshalb werden sie auch als Umstandswörter bezeichnet. Von der Form her sind die Adverbien uneinheitlich, einige alte enden noch auf *-e:*

Von ferne mag ich dich, aber komm mir nicht zu nahe.

Einige Gruppen haben gleiche Endungen:

-s

-weise

– Suffix	-s	*abends, montags,*
–	-weise	*dummerweise, glücklicherweise,*
–	-wärts	*heimwärts, abwärts.*

In Ausnahmefällen können Adverbien Vergleichsformen bilden:

wenig – daran habe ich am wenigsten gedacht.

Einige Adverbien haben Superlativformen mit *aufs* + *-ste*, *-st*, *-stens*

aufs Beste, freundlichst, wenigstens.

Auch Adjektive können adverbial verwendet werden.

Merke

In sehr salopper Redeweise werden Adverbien wie Adjektive als Attribute verwendet:

die zue Türe, das beinahe Gewinnen

Diese Verwendung von Adverbien ist nicht korrekt.

Partikeln

Die Partikeln

Partikeln („Teilchen") werden vor allem in der gesprochenen Sprache verwendet. Sie sind relativ bedeutungsarm und dienen zur Hervorhebung, geben Grad oder Intensität an, sagen etwas über die Einstellung des Sprechers aus, schränken eine Aussage ein:

bloß

Auch das noch! Komm mir bloß nicht mit dem Unsinn. Das hab ich ja schon längst vergessen!

Partikeln sind nicht ▶ flektierbar, sie beziehen sich nicht auf den ganzen Satz oder ein Satzglied, sondern immer nur auf ein Wort.

Merke

In der Stilistik wurden Partikeln lange als unnötige „Flick- oder Füllwörter" angesehen, von ihrer Verwendung wurde abgeraten.

Negationswörter

Die Negationswörter

Mit Negationswörtern wird eine Aussage verneint. Die Verneinung kann sich auf den gesamten Inhalt eines Satzes oder auf ein Wort oder eine Gruppe von Wörtern beziehen:

nicht

Sie backt heute nicht. – Sie backt nicht Kuchen, sondern Kekse.

Die Negationswörter gehören verschiedenen Wortklassen an:

nie

- Adverbien *nie, niemals, nirgendwo*
- Indefinitpronomen *niemand, nichts*
- Partikeln *keinesfalls, keineswegs*

Einige Negationswörter können einen ganzen Satz ersetzen:

Kommst du heute mit ins Kino? Nein. (= Ich komme nicht mit ins Kino.)
Macht ihr eine Radtour? Keinesfalls.

Die meisten Negationswörter können nicht ▶ flektiert werden.

Merke

Kein und *niemand* sind deklinierbar.

Interjektionen

Die Interjektionen

Interjektionen geben in der Regel Ausrufe wieder, sie drücken meistens ein spontanes Gefühl aus. Sie können anstelle eines Satzes stehen:

oje

Juhu! Hurra! Pfui! Aua! Ach! Oje!

Einige Interjektionen werden als Aufforderung verwendet:

Pst

Hallo! Heda! Brrrrr! Pst!

Präpositionen

Die Präpositionen

Vgl. Übungsheft I ➤ Seite 35–38

Präpositionen, „vorangestellte" Wörter, stehen vor einem Bezugswort, selten auch hinter ihm.
Sie stellen im Allgemeinen ein Verhältnis zwischen zwei Sachverhalten her:

mit
aus

Himbeereis mit Sahne.
Emil Erpel aus Entenhausen.
Sie fahren in die Heide.

Präpositionen fungieren gleichsam als Verbindungsstücke zwischen Wörtern, ihr Verwendungsgrad ist hoch. Einige Präpositionen werden häufig gebraucht:

an

an, auf, aus, bei, durch, mit, nach, ohne, wegen, über,

andere eher selten:

binnen, entlang, laut, zugunsten.

Das Wort, auf das sich eine Präposition bezieht, steht in einem bestimmten Kasus, der von der Präposition festgelegt wird. Diese Eigenschaft der Präposition heißt Rektion.

Wegen des Abfalls (Genitiv), *des Umweltschutzes wegen* (Genitiv),
muss mit Verpackungen (Dativ) *sparsam umgegangen werden.*
Durch die täglichen Müllmengen (Akkusativ) *wächst die Belastung der Natur.*

Ist das regierte Wort nicht ▶ flektierbar, bleibt es, wie es ist:

Fahrt nach links, sonst geraten wir ins Abseits.

Die Präpositionen lassen sich einteilen nach der Art der Verhältnisse, die sie kennzeichnen:

- lokal *an, auf, bei, in, nach, zu*
- temporal *ab, bis, in, seit, während*
- kausal *auf, aus, durch, für, mit, trotz, zwecks*
- modal *aus, außer, gegen, nebst, ohne, wider*

Auf den Tipp (kausal) *seines Freundes hin fährt Ferdinand aufs Land* (lokal).
Auf dem Bahnhof (lokal) *des Dorfes kommt er auf die Minute* (temporal) *an.*

Einige Präpositionen regieren zwei ▶ Kasūs:

Die Jacke hängt an der Flurgarderobe. (Dativ, *wo* hängt die Jacke?)
Er hängt auch seinen Hut an die Flurgarderobe. (Akkusativ, *wohin* hängt er den Hut?)

Bei den Präpositionen, die zwei Kasūs regieren, ändert sich die Bedeutung nicht:

Laut amtlichem Schreiben – laut amtlichen Schreibens
Wegen eines Fahrgastes – wegen einem Fahrgast.

Manche Präpositionen sind mehrteilig:

von Neujahr an, um des lieben Friedens willen.

Viele Verben sind eng mit einer Präposition verbunden:

erkranken an, bestehen aus, beitragen zu.

Als stilistisch unschön gelten Präpositionen wie
behufs, betreffs, bezüglich, vermittels.

Merke

Einige Präpositionen werden mit Genitiv oder Dativ gebraucht: *trotz, längs.*

Merke

Die Verwendung zweier Präpositionen nebeneinander sollte vermieden werden, weil in solchen Fällen das Verständnis erschwert wird.

Bei im Halteverbot stehenden Autos besteht die Gefahr des Abgeschlepptwerdens.
Für vor Glück vergossene Tränen muss man sich nicht schämen.

Diese Konstruktionen können durch Einfügen eines Artikels oder auch einen Relativsatz vermieden werden.

Aus im Herbst eingefrorenen Pflaumen ... / Aus den im Herbst eingefrorenen Pflaumen ... / Aus Pflaumen, die im Herbst eingefroren worden sind ...,
... backt er einen leckeren Kuchen.

Konjunktionen

Die Konjunktionen

nebenordnend/ koordinierend

Konjunktionen dienen dazu, Wörter oder Sätze miteinander zu verbinden. Wenn Konjunktionen Wörter oder Sätze nur gleichrangig miteinander verknüpfen, werden sie als nebenordnend (koordinierend) bezeichnet:

Hinz kam zu der Feier. Kunz kam zu der Feier. Es gab Freibier.

Werden diese Sätze mit koordinierenden Konjunktionen verbunden, lautet der neue Satz:

Hinz und Kunz kamen zu der Feier, denn es gab Freibier.

Von der Bedeutung her lassen sich folgende Gruppen von nebenordnenden Konjunktionen unterscheiden:

- nur reihend (kopulativ)
  und, oder, sowohl, sowie ...
  Die Sonne scheint und die Blumen blühen.
- ausschließend (disjunktiv)
  oder ...
  Essen wir noch einen Hamburger oder gehen wir?
- einschränkend (restriktiv)
  aber, obwohl ...
  Hart, aber gerecht.
- entgegengesetzt (adversativ)
  aber, allein, doch, nur ...
  Ich würde dir die Jacke abkaufen, aber/allein/doch/nur der Preis ist zu hoch.
- begründend (kausal)
  denn (verbindet immer Hauptsätze):
  Ich bin reich, denn ich habe sechs Richtige.

unterordnend/ subordinierend

Die unterordnenden (subordinierenden) Konjunktionen leiten Nebensätze ein.
Die wichtigsten Unterscheidungen sind:

- zeitlich (temporal)
  als, bis, ehe, nachdem, sobald, während, wenn ...
  Wir gehen spazieren, sobald die Sonne scheint.
- die Art und Weise betreffend (modal)
  als, wie, insofern ...
  Er sieht aus, als käme er aus der Wüste.
- begründend (kausal)
  da, obwohl, weil, wenn ...
  Wir gehen nach Hause, weil es dunkel wird.
- die Folge betreffend (konsekutiv)
  dass, sodass, als dass ...
  Er schreibt die Aufgaben noch einmal auf, sodass der Lehrer sie lesen kann.
- die Bedingung betreffend (konditional)
  falls, sofern, soweit, wenn ...
  Wir fahren jetzt, sofern du damit einverstanden bist.
- einräumend (konzessiv)
  obwohl, obgleich, wiewohl ...
  Ich komme gerne mit, obwohl ich eigentlich hier bleiben müsste.
- den Zweck, die Absicht betreffend (final)
  dass, damit ...
  Hans geht mit, damit Oma nicht so schwer tragen muss.

Merke

Einige Konjunktionen sind mehrgliedrig und werden um die Wörter oder Wortgruppen herum gesetzt.

Nicht nur zur Sommer(s)zeit, sondern auch im Winter ...
Weder Geld noch gute Worte ...

Satz

Satz

Vgl. Übungsheft II
➤ Seite 27–53

Der einfache Satz

Sätze sind die sprachlichen Einheiten, aus denen sich alle Texte zusammensetzen. Vor allem in der geschriebenen Sprache bestehen Texte fast vollständig aus Sätzen. Sätze sind gegliederte Einheiten, die eine hohe inhaltliche Selbständigkeit haben. In der gesprochenen Sprache wird Verständigung zwar oft durch Wörter, Worte oder Wortgruppen erzielt,

„Bitte?" „Eine Cola!" „Mit Eis?" „Ja!"

Solche Äußerungen lassen sich jedoch unschwer auf Sätze zurückführen, sie sind gewissermaßen verkürzte Sätze.
Sätze bestehen aus Wörtern, die regelhaft miteinander verbunden sind.
Weder die Folge in der Anordnung der Wörter noch die Form, in der Wörter in einem Satz eingebaut werden sind beliebig.

Satzglied

Zwischen Wörtern und Sätzen kommt eine weitere sprachliche Einheit zum Tragen, die gleichsam unsichtbar ist, nämlich das ▶ **Satzglied.**
Satzglieder sind relativ selbständige kleine Einheiten, die als ganze innerhalb eines Satzes funktionieren und regelhaft gebaut sein müssen.
Satzglieder werden erkennbar durch zwei Proben:

– die Umstellprobe:

Peter hängt seine alte Jacke über den Stuhl.
Über den Stuhl hängt Peter seine alte Jacke.
Seine alte Jacke hängt Peter über den Stuhl.

– die Ersatzprobe

Peter hängt seine Jacke dorthin.
Peter schmeißt seine Jacke dorthin.
Paul schmeißt seine Jacke dorthin.
Petra wirft ihren Pulli auf den Stuhl.

Wortgruppe

Ein Satzglied kann aus einem Wort oder einer Wortgruppe bestehen.
Die Wörter einer Wortgruppe können nur gemeinsam umgestellt oder ersetzt werden.

Satzglied

Die Satzglieder

Bezeichnung		Beispiel	Erkennungsfrage
Subjekt (Satzgegenstand)		*Der Mond* scheint. *Die Musik* dröhnt.	Wer oder was?
Prädikat (Satzaussage)		Der Mond *scheint.*	Was tut der Mond?
Objekte (Satzergänzung)			
Genitivobjekt		Katzen bedürfen *der Zuneigung.*	Wessen?
Dativobjekt		Die Katze hilft *dem Hund.*	Wem?
Akkusativobjekt		Die Katze frisst *den Vogel.*	Wen oder was?
Präpositionalobjekt		Die Katze spielt *mit dem Goldfisch.*	z. B. mit wem?
prädikative Ergänzung		Die Katze ist *reinlich.* Die Katze wird *ein Monster.*	Was? Wie?
Umstands-bestimmung	temporal	Die Katze schläft *tagsüber.*	Wann? Wie lange?
	lokal	Die Katze liegt *im Korb.*	Wo? Wohin?
	modal	Die Katze schnurrt *zufrieden.*	Wie?
	kausal	Der Löwe brüllt *vor Angst.*	Warum? Wozu?
Attribute (Beifügungen)		Der *große böse* Wolf heißt Ede. Er ist ein *harmloses* Tier.	Wie? Was?
Freie Angaben		Der Hund zieht *(mir)* den Schlitten.	Wem?

Die Stellung der Satzglieder

Prädikat

Besonders fest ist die Position des ▶ Prädikats in Sätzen der deutschen Sprache.

Der Koch	*brät*	*eine Wurst.*
Eine Wurst	*brät*	*der Koch.*
Eine Wurst	*brät*	*der Koch in der Pfanne.*
In der Pfanne	*brät*	*der Koch eine Wurst.*
Langsam	*brät*	*der Koch eine Wurst in der Pfanne.*
Der Koch	*brät*	*langsam eine Wurst in der Pfanne.*

Alle Satzglieder können verschoben werden, nur das Prädikat verharrt immer an der gleichen Stelle, in diesem Beispiel, einem ▶ Aussagesatz, an der zweiten.
Wenn das Prädikat mehrteilig ist, nimmt die finite Personalform die zweite Position ein, während der andere Prädikatsteil ans Ende des Satzes tritt:

Der Koch	*hat*	*eine Wurst*	*gebraten.*
Eine Wurst	*hat*	*der Koch*	*gebraten.*
Eine Wurst	*hat*	*der Koch in der Pfanne*	*gebraten.*
In der Pfanne	*hat*	*der Koch eine Wurst*	*gebraten.*
Langsam	*hat*	*der Koch eine Wurst in der Pfanne*	*gebraten.*
Der Koch	*hat*	*langsam in der Pfanne eine Wurst*	*gebraten.*
Die Wurst	*ist*	*langsam in der Pfanne*	*gebraten worden.*

Subjekt & Objekt

In der Regel nimmt das ▶ Subjekt die erste Stelle im Satz ein, das ▶ Objekt die dritte:

Die Kinder essen die Wurst.

Vertauschungen dieser beiden Satzglieder dienen meistens der Hervorhebung.

Die Wurst essen die Kinder. (nicht das Kotelett)

Die Stellung des Prädikats hängt von der Art der Sätze ab.
Die bisherigen Sätze waren Aussagesätze.

Wird anstelle einer Aussage eine Aufforderung, ein Wunsch oder Befehl ausgesprochen, rückt das Prädikat an die vorderste Position:

Esst eine Wurst, lasst sie euch schmecken, kleckert nicht mit dem Senf!

Auch bei einem Teil der ▶ Fragesätze steht das Prädikat an vorderster Stelle:

Esst ihr 'ne Wurst? Schmeckt sie gut?

In Fragesätzen, die mit einem Fragewort eingeleitet werden, steht das Prädikat wie in ▶ Aussagesätzen an der zweiten Stelle:

Wie	*schmeckt*	*die Wurst?*	*Gut!*
Warum	*nehmen*	*Sie keinen Senf?*	*Ich mag keinen Senf.*
Wohin	*soll*	*ich das Ketschup gießen?*	*Über die Pommes.*

[Aufforderungs- und Fragesätze werden ausführlich auf S. 41/42 behandelt.]

Subjekt

Das Subjekt

Das Subjekt besteht aus einem Substantiv mit Artikel (A), oder ohne Artikel (B), oder einem Personalpronomen (C), oder einer Wortgruppe (D):

(A)	*Die Wurst*	*schmeckt lecker.*
(B)	*Würste*	*sind ungesund.*
(C)	*Sie*	*sind ungesund.*
(D)	*Die original aus Ungarn importierte Wurst*	*ist unübertroffen.*

Nominativ

Das Subjekt steht immer im Nominativ. Es kann die Position mit dem Objekt tauschen:

Guten Geschmack beweisen die Feinschmecker.

Merke

Sind die Formen von Subjekt und Objekt nicht voneinander zu unterscheiden, sollte das Subjekt nicht den Platz mit dem Objekt tauschen:

Das Kätzchen liebt das Kind.
Das Kind liebt das Kätzchen.

In Entscheidungsfragen steht das Subjekt meistens an zweiter Stelle:

Schmeckt es Ihnen?
Habt ihr aufgegessen?

Person & Numerus

Person und Numerus vom Subjekt müssen mit dem Verb übereinstimmen:

Der Wolf heult. / Die Wölfe heulen.

Prädikat

Das Prädikat

Das Prädikat enthält immer ein finites Verb. Es zeigt ▶ Tempus, ▶ Person und ▶ Numerus an. Ist das Prädikat mehrgliedrig, bilden seine Teile eine Klammer, deren zweiter Teil am Satzende steht:

Siebzehn Wölfe heulten die ganze Nacht. Sie haben die Dorfbewohner in Transsylvanien um den Schlaf gebracht.

Subjekt & Prädikat

Die Einheit von Subjekt und Prädikat
Subjekt und Prädikat bilden zusammen einen Satz, kleinste Sätze bestehen nur aus diesen beiden Satzgliedern:

Müll stinkt. Blumen blühen.
Der Mensch denkt: Gott lenkt.

Die Zusammengehörigkeit drückt sich durch folgende Merkmale aus:

- Die Person des Subjekts ist dieselbe wie die des finiten Verbs.

  Der Bus fährt gleich ab. (dritte Person)
  Du kommst zu spät. (zweite Person)
  Ich rufe dir ein Taxi. (erste Person)

- Numerus von Subjekt und Prädikat stimmen überein.

  Ich telefoniere. (Singular)
  Wir telefonieren. (Plural)

Kongruenz

Diese formale Gleichheit, gleichsam einer Verzahnung der beiden Satzglieder, heißt Kongruenz.

Objekt

Das Objekt

Vgl. Übungsheft I ➤ Seite 42–45

Das Prädikat bindet nicht nur das Subjekt an sich, sondern je nach Beschaffenheit des Verbs kann es auch Objekte erforderlich machen.

Der Wärter gibt

ist kein vollständiger Satz.

Der Wärter gibt dem Affen

auch noch nicht. Selbst

Der Wärter gibt eine Banane

ist kein rechter Satz. Erst

Der Wärter gibt dem Affen eine Banane,

obligatorisch

enthält eine abgeschlossene Aussage, ist ein vollständiger Satz.
Das Verb *geben* verlangt zwei Objekte, eins im **Dativ**, eins im **Akkusativ**.
Diese notwendigen Objekte nennt man **obligatorisch**.

Viele Verben können mit einem Objekt verbunden werden, müssen es aber nicht.

Der Affe frisst

ist ein vollständiger Satz,

Der Affe frisst die Banane

fakultativ

auch. Das ▶ Akkusativobjekt ist nicht notwendig zur Bildung eines Satzes, es wird **fakultativ** verwendet.

Das folgende Beispiel zeigt, dass die Verwendung von Objekten bei vielen Verben im Belieben des Sprechers liegt und von der Aussage abhängig ist:

Erna schreibt.
Erna schreibt mir.
Erna schreibt eine Karte.
Erna schreibt mir eine Karte.

Die **präpositionalen Objekte** sind ähnlich strukturiert wie die genannten:

Ich denke.
Ich denke an den Urlaub.

Wenn die Form des Prädikats von einem Verb gebildet wird, das einen präpositionalen Kasus regiert, muss dieser auch realisiert werden.

Ich denke an ________ ist kein Satz.

Merke

Präpositionale Obiekte sind oft schwer von den Formen trennbarer Verben und von Umstandsbestimmungen zu unterscheiden:

Ich stehe auf am Morgen. (aufstehen, trennbares Verb)
Ich steh' auf Gabi. (stehen auf, obligatorisches Präpositionalobjekt)
Ich stehe auf dem Bahnhof. (stehen wo?, lokale Umstandsbestimmung)

Genitivobjekte sind im heutigen Deutsch nur noch selten anzutreffen. Verben, die einen Genitiv regieren, sind:

gedenken, bedürfen, sich schämen, sich erinnern.

Häufig werden die Genitivobjekte durch Präpositionalobjekte ersetzt:

Opa erinnert sich seiner Schulzeit./Opa erinnert sich an seine Schulzeit.
Er schämt sich seiner schlechten Mathenoten./Er schämt sich wegen seiner schlechten Mathenoten.

prädikative Ergänzung

Die prädikative Ergänzung

Prädikative Ergänzungen dienen zur näheren Bestimmung bei einigen Verben. Am häufigsten treten sie in Verbindung mit dem Hilfsverb *sein* auf, auch bei *werden, scheinen, heißen* sind sie meistens nötig, um eine Aussage vollständig werden zu lassen.

Mein Freund ist Musiker.
Er ist in einer Rockband.
Er heißt Joe.
Er wird bestimmt berühmt.

Das Substantiv steht in der prädikativen Ergänzung im Nominativ, Adjektive bleiben unflektiert.

Umstandsbestimmung

Die Umstandsbestimmung

Umstandsbestimmungen (adverbiale Bestimmungen) beziehen sich auf das Verb oder auf den Satzinhalt im Ganzen. Sie können aus einem Wort (einem Adverb oder einem adverbial gebrauchten Adjektiv), aus einer Wortgruppe oder einem Satz (Nebensatz) bestehen:

Mit diesem Zug fahre ich gerne. Er kommt um 3 Uhr an und ist in zwei Stunden in Frankfurt. Wegen der kurzen Fahrzeit lohnt sich der höhere Fahrpreis schon.

Die Umstandsbestimmungen können an verschiedenen Stellen im Satz stehen:

1) *Der ICE rast mit hohem Tempo durch den Kleinstadtbahnhof.*
2) *Durch den Kleinstadtbahnhof rast der ICE mit hohem Tempo.*
3) *Mit hohem Tempo rast der ICE durch den Kleinstadtbahnhof.*

Inversion

Steht die Umstandsbestimmung am Satzanfang rückt das Subjekt unmittelbar hinter das Verb. Diese Erscheinung heißt **Inversion**.

Mit Umstandsbestimmungen werden Aussagen in sehr verschiedener Weise näher bestimmt:

Temporalbestimmungen

Adverbiale Bestimmungen der Zeit (Temporalbestimmungen) geben an:

1. einen Zeitpunkt: *Eines Abends klopft es.* (wann?)
2. einen Zeitraum: *Der Gast blieb eine Woche.* (wie lange?)
3. eine Wiederholung: *Jeden Morgen aß er Müsli.* (wie oft?)

Lokalbestimmungen

Adverbiale Bestimmungen des Raumes (Lokalbestimmungen) geben an:

1. einen Ort: *Wir sitzen in der Küche.* (wo?)
2. eine Richtung: *Wir tragen das Frühstück in den Garten.* (wohin?)
3. eine Strecke: *Der Garten reicht bis an den Wald.* (wie weit?)
4. eine Herkunft: *Der Kaffee kommt aus Nicaragua.* (woher?)

Modalbestimmungen

Adverbiale Bestimmungen der Art und Weise (Modalbestimmungen) geben an:

1. eine Beschaffenheit: *Das Obst schmeckt köstlich.* (wie?)
2. einen Grad: *Es ist äußerst frisch.* (wie sehr?)
3. ein Mittel: *Es wurde mit der Hand geerntet.* (womit?)
4. eine Quantität: *Die Weintrauben haben genügend Sonne abbekommen.* (wieviel?)

Kausalbestimmungen

Adverbiale Bestimmungen des Grundes (Kausalbestimmungen) geben an:

1. eine Ursache / einen Grund: *Der Sieger schlief aus Erschöpfung ein.* (warum?)
2. eine Bedingung: *Er hatte unter schwierigen Umständen den Hochsprung gewonnen.* (unter welchen Bedingungen?)
3. einen Zweck: *Zum Feiern hatte er keinen Schwung mehr.* (wozu?)

Attribut

Das Attribut

Das Attribut tritt auf als ein Wort, eine Wortgruppe, ein Infinitiv mit *zu* oder als Nebensatz (siehe Seite 42 f.). Es kann sehr verschiedene Formen haben:

Das andauernde schöne Wetter	(Partizip und Adjektiv)
Im Schwimmbad des Hotels	(Substantiv im Genitiv)
Der Grillabend im Garten	(Substantiv mit Präposition)
Die Liegestühle hier	(Adverb)

Als nachgestellte Beifügung im gleichen Kasus heißt das Attribut **Apposition**.

Carlos, der Hoteldirektor, begrüßte uns mit einer Cola light.

Die freie Angabe im Dativ

Als Satzglied fungiert auch der so genannte freie Dativ, der kein Objekt im strengen Sinne ist. Er kann in den meisten Fällen durch *für* + Pronomen ersetzt werden:

Du bist mir eine liebe Freundin. / Du bist für mich eine liebe Freundin.

Die Satzarten

Hauptsatz

Bei den Hauptsätzen im Deutschen lassen sich drei Satzarten unterscheiden. Sie sind einerseits gekennzeichnet durch Grundabsichten beim Sprechen und andererseits formal durch die Stellung des finiten Verbs.

Aussagesatz:

Ich esse ein Schnitzel mit Pommes.

Fragesatz:

Haben Sie auch rote Grütze?

Aufforderungssatz:

Bringen Sie mir bitte einen Tee!

Allerdings entsprechen sich die kommunikativen Absichten und die Satzart oft nicht direkt. Eine Aufforderung kann z. B. durch einen Aussagesatz ausgedrückt werden:

Herr Ober, hier zieht es. (gemeint ist: *Bitte schließen Sie doch die Tür!*)

Ein Fragesatz kann eine Aufforderung enthalten:

Kann ich bitte zahlen? (gemeint ist: *Bringen Sie mir die Rechnung!*)

Eine Aussage kann die Form einer Frage haben (rhetorische Frage):

Mein Gott, muss ich das wissen? (gemeint ist: *Ich weiß es nicht.*)

Aussagesatz.

Aussagesatz
Im Aussagesatz wird ein Sachverhalt in neutraler Form ausgedrückt. Mit Aussagesätzen wird ein Tatbestand benannt, etwas mitgeteilt oder festgestellt. Sie sind der häufigste Satztyp.

Das Schnitzel ist ein wenig zäh. Die Soße schmeckt lecker.

Das finite Verb steht im Aussagesatz gewöhnlich an zweiter Stelle.

Fragesatz?

Fragesatz
Es gibt zwei Arten von Fragesätzen. Bei der Entscheidungsfrage ist der Sachverhalt unsicher:

Wünschen Sie noch etwas?

Das finite Verb rückt bei der Entscheidungsfrage an die Spitze des Satzes.

Die Bestätigung einer Entscheidungsfrage wird durch ja (+ Satz), die Ablehnung durch nein (+ Satz) ausgedrückt:

Sind Sie zufrieden?	*Ja, (ich bin zufrieden).* *Nein, (ich bin nicht zufrieden).*

Mit der Ergänzungsfrage soll ein noch nicht bekannter Teil eines Sachverhalts geklärt werden:

Wer möchte noch Gemüse?	(gefragt wird nach Personen)
Wann gibt es Kaffee?	(gefragt wird nach einem Zeitpunkt)
Wo ist hier ein Telefon?	(gefragt wird nach einem Ort)
Warum essen Sie nicht auf?	(gefragt wird nach einem Grund)

Eingeleitet werden die Ergänzungsfragen mit einem Fragewort, das mit einem W beginnt:

Wieso, weshalb, warum, wer, wie, was, wo, wohin usw.?

Das finite Verb steht bei der Ergänzungsfrage an zweiter Stelle im Satz.

Aufforderungs-satz!

Aufforderungssätze

Die Grundform des Aufforderungssatzes ist der Imperativ:

Gib mir bitte das Salz!
Gib Ruhe!
Sei still!

Bei den Imperativsätzen steht das finite Verb in Spitzenstellung.

Merke

Aufforderungen können durch zahlreiche andere Formen als der Form des Imperativs ausgedrückt werden, z. B.

Infinitiv:	*Zahlen!*
Partizip II:	*Aufgepasst!*
Verschiedene Einzelwörter:	*Ruhe! Leise! Fort! Hunger!*

Auch Aussagesätze können eine Aufforderung ausdrücken:

Du isst jetzt auf!

ebenso Fragesätze:

Würdest du mir das Salz geben?

Der zusammengesetzte Satz

Durch das Zusammenfügen mehrerer Sätze entstehen komplexe Satzeinheiten.

Koordination

Es gibt zwei Möglichkeiten des Zusammenfügens, nämlich die **Koordination** (Nebenordnung) und die Subordination (Unterordnung). Die einfachste Form der Koordination ist die Aneinanderreihung von Hauptsätzen, unverbunden:

Der Bus blieb plötzlich liegen, der Fahrer fluchte, die Fahrgäste schimpften, ein paar Kinder schrien, das Chaos war komplett.

Oder verbunden durch koordinierende Konjunktionen:

Das Konzert begann und alle klatschten und viele sangen mit.

Auf diese Weise entsteht eine Satzreihe. Wenn Hauptsätze durch einen Nebensatz erweitert werden, entsteht ein Satzgefüge. Der Nebensatz ist dabei dem Hauptsatz untergeordnet (**Subordination**).

Satzgefüge
Subordination

Nebensatz

Nebensätze (▶ Konjunktionalsatz) sind vom Satzbau her vollständige Sätze, sie stehen jedoch nicht alleine, sondern sind von einem Hauptsatz abhängig. Meistens werden sie eingeleitet mit einem Relativpronomen (1, 2) oder einer subordinierenden Konjunktion (3).

Sie knabbert die Kekse,
- 1) *die dick mit Schokolade überzogen sind.*
- 2) *was ihr viel Freude macht.*
- 3) *weil sie so knusprig sind.*

In allen Fällen steht im eingeleiteten deutschen Nebensatz das finite Verb am Ende.

Merke

In gesprochener Sprache hört man manchmal solche Sätze wie

„Ich ess' noch 'nen Keks, weil ich hab' noch Hunger."

Grammatisch sind solche Nebensätze unkorrekt, sie gelten als falsch.

Im uneingeleiteten Nebensatz fehlt das einleitende Wort (die Konjunktion oder das Pronomen), das finite Verb steht in Spitzenstellung oder in Zweitstellung:

Ist alles aufgegessen, freut sich der Koch.
Sie sagte, sie sei nicht hungrig.

Anstelle von Nebensätzen können erweiterte Infinitive mit *zu* oder erweiterte Partizipialkonstruktionen auftreten. Sie haben kein Subjekt, wirken aber wie Nebensätze.
Diese Konstruktionen heißen „satzwertige".

Erweiterter Infinitiv:	*Es ist schön, seinen Gästen eine Freude zu machen.*
Erweiterte Partizipialkonstruktion:	*Von der guten Stimmung angesteckt (,) schunkelten alle mit.*

Merke

Die gültige Rechtschreibung besagt, dass

- Infinitivgruppen durch Komma abgetrennt werden müssen, wenn sie mit *um*, *ohne*, *statt*, *außer*, *als* eingeleitet sind, von einem Nomen oder einem Korrelat/Verweiswort abhängen.
  Sie öffnete das Fenster, um frische Luft hereinzulassen.
  Er fasste den Plan, heimlich abzureisen.
  Er hat nicht damit gerechnet, doch noch zu gewinnen.
- das Komma entfallen kann, wenn nur ein Infinitiv vorliegt. Es kann jedoch stehen, um die Gliederung des Satzes deutlich zu machen oder um Missverständnisse auszuschließen, z. B.:
  Sie rieten(,) ihm zu helfen.
  Sie rieten ihm(,) zu helfen.
- bei Partizip-, Adjektiv und entsprechenden Wortgruppen ein Komma gesetzt werden kann, um die Gliederung deutlich zu machen.
  Regina stand, den Rucksack auf dem Rücken, vor dem Bahnhofseingang.

Funktion und Einteilung der Nebensätze
Nebensätze können alle Satzglieder und Teile von Satzgliedern ersetzten, ausgenommen das Prädikat. Die Erweiterung eines Hauptsatzes wirkt stärker als die Aussage des entsprechenden Satzgliedes, meistens ist der Nebensatz ausführlicher.

Der Nebensatz ersetzt das Satzglied:

Subjekt	*Sein heutiger Auftritt wird mit Freude erwartet.* *Dass er heute auftritt, wird mit Freude erwartet.*
Objekt	*Die älteren Damen erwarten seine beliebten Melodien.* *Die älteren Damen erwarten, dass er viele beliebte Melodien singt.*
Umstandsbestimmung	*Am Ende des Konzertes wird er Autogramme geben.* *Wenn das Konzert zu Ende sein wird, wird er Autogramme geben.*
Attribut	*Der nervöse Sänger begann mit Bravour.* *Der Sänger, der sehr nervös war, begann mit Bravour.*

Nebensatz

Subjekte, Objekte und Umstandsbestimmungen werden vornehmlich durch konjunktional eingeleitete Nebensätze ersetzt, Attribute durch einen Nebensatz, der mit einem Relativpronomen beginnt (Relativsatz). Das Relativpronomen richtet sich in Genus und Numerus nach dem Bezugswort im Hauptsatz.

Stellung der Nebensätze
Nebensätze treten in 3 Positionen auf:

Vordersatz: *Weil er Erfolg hatte, wurde er reich.*
Nachsatz: *Er wurde reich, weil er Erfolg hatte.*
Zwischensatz: *Er wurde, weil er großen Erfolg hatte, reich und berühmt.*

Nebensätze können sich nicht nur auf Hauptsätze, sondern auch auf andere Nebensätze beziehen.

Die Nebensätze,
die so gebaut sind,
dass sie sich auf Wörter beziehen,
die selbst in einem Nebensatz stehen,
führen zur Verschachtelung.

Merke
Schachtelsätze werden fast immer als unschön empfunden, sie lassen sich leicht vermeiden.

Tabellen

Übersicht über die wichtigsten flektierbaren Wortarten.

Verben

Die regelmäßige Konjugation
Die meisten Verben gehören zu der Klasse der regelmäßigen („schwachen") Verben.

Aktiv, Indikativ, Beispiel: ***stellen***

Tempus	Numerus	Person	Indikativ
Präsens	Singular	1.	ich stelle
		2.	du stellst
		3.	er / sie / es stellt
	Plural	1.	wir stellen
		2.	ihr stellt
		3.	sie stellen
Präteritum	Singular	1.	ich stellte
		2.	du stelltest
		3.	er / sie / es stellte
	Plural	1.	wir stellten
		2.	ihr stelltet
		3.	sie stellten
Futur I	Singular	1.	ich werde stellen
		2.	du wirst stellen
		3.	er / sie / es wird stellen
	Plural	1.	wir werden stellen
		2.	ihr werdet stellen
		3.	sie werden stellen
Perfekt	Singular	1.	ich habe gestellt
		2.	du hast gestellt
		3.	er / sie / es hat gestellt
	Plural	1.	wir haben gestellt
		2.	ihr habt gestellt
		3.	sie haben gestellt

Fortsetzung ➤ S. 46

Tempus	Numerus	Person	Indikativ	
Plusquam-perfekt	Singular	1.	ich hatte	gestellt
		2.	du hattest	
		3.	er / sie / es hatte	
	Plural	1.	wir hatten	
		2.	ihr hattet	
		3.	sie hatten	
Futur II	Singular	1.	ich werde	gestellt haben
		2.	du wirst	
		3.	er / sie / es wird	
	Plural	1.	wir werden	
		2.	ihr werdet	
		3.	sie werden	

Aktiv, Konjunktiv, Beispiel: ***stellen***

Tempus	Numerus	Person	Konjunktiv I		Konjunktiv II	
Präsens	Singular	1.	ich stelle			
		2.	du stellest			
		3.	er / sie / es stelle			
	Plural	1.	wir stellen			
		2.	ihr stellet			
		3.	sie stellen			
Präteritum	Singular	1.			ich stellte	
		2.			du stelltest	
		3.			er / sie / es stellte	
	Plural	1.			wir stellten	
		2.			ihr stelltet	
		3.			sie stellten	
Futur I	Singular	1.	ich werde	stellen	ich würde	stellen
		2.	du werdest		du würdest	
		3.	er / sie / es werde		er / sie / es würde	
	Plural	1.	wir werden		wir würden	
		2.	ihr werdet		ihr würdet	
		3.	sie werden		sie würden	

Fortsetzung ➤ S. 47

Tempus	Numerus	Person	Konjunktiv I	Konjunktiv II
Perfekt	Singular	1.	ich habe	
		2.	du habest	
		3.	er / sie / es habe — gestellt	
	Plural	1.	wir haben	
		2.	ihr habet	
		3.	sie haben	
Plusquam-perfekt	Singular	1.		ich hätte
		2.		du hättest
		3.		er / sie / es hätte — gestellt
	Plural	1.		wir hätten
		2.		ihr hättet
		3.		sie hätten
Futur II	Singular	1.	ich werde	ich würde
		2.	du werdest	du würdest
		3.	er / sie / es werde haben — gestellt	er / sie / es würde haben — gestellt
	Plural	1.	wir werden	wir würden
		2.	ihr werdet	ihr würdet
		3.	sie werden	sie würden

Infinitiv	**Präsens**	stellen
	Futur I	stellen werden
	Perfekt	gestellt haben/(gestellt sein)
	Futur II	gestellt haben werden/(gestellt sein werden)

Partizip	**Präsens** (1. Partizip)	stellend
	Perfekt (2. Partizip)	gestellt

Imperativ	**Singular**	stelle!
	Plural	stellt!

Passiv, Indikativ, Beispiel: ***stellen***
Vorgangs- oder *werden*-Passiv

Tempus	Indikativ
Präsens	er / sie / es } wird gestellt
Präteritum	er / sie / es } wurde gestellt
Futur I	er / sie / es } wird gestellt werden
Perfekt	er / sie / es } ist gestellt worden
Pluquamperfekt	er / sie / es } war gestellt worden
Futur II	er / sie / es } wird gestellt worden sein

Passiv, Konjunktiv, Beispiel: ***stellen***
Vorgangs- oder *werden*-Passiv

Tempus	Konjunktiv I	Konjunktiv II
Präsens	er / sie / es } werde gestellt	
Präteritum		er / sie / es } würde gestellt
Futur I	er / sie / es } werde gestellt werden	er / sie / es } würde gestellt werden
Perfekt	er / sie / es } sei gestellt worden	
Plusquamperfekt		er / sie / es } wäre gestellt worden
Futur II	er / sie / es } werde gestellt worden sein	er / sie / es } würde gestellt worden sein

Infinitiv	**Präsens**	gestellt werden
	Perfekt	gestellt worden sein

Imperativ	**Singular**	werde gestellt!
	Plural	werdet gestellt!

Passiv, Indikativ, Beispiel: ***stellen***

Zustands- oder *sein*-Passiv

Tempus	Indikativ
Präsens	er/sie/es ist gestellt
Präteritum	er/sie/es war gestellt
Futur I	er/sie/es wird gestellt sein
Perfekt	er/sie/es ist gestellt gewesen
Pluquamperfekt	er/sie/es war gestellt gewesen
Futur II	er/sie/es wird gestellt gewesen sein

Passiv, Konjunktiv, Beispiel: ***stellen***

Zustands- oder *sein*-Passiv

Tempus	Konjunktiv I	Konjunktiv II
Präsens	er/sie/es sei gestellt	
Präteritum		er/sie/es wäre gestellt
Futur I	er/sie/es werde gestellt sein	er/sie/es würde gestellt sein
Perfekt	er/sie/es sei gestellt gewesen	
Plusquamperfekt		er/sie/es wäre gestellt gewesen
Futur II	er/sie/es werde gestellt gewesen sein	er/sie/es würde gestellt gewesen sein

Infinitiv	**Präsens**	gestellt sein
	Perfekt	gestellt gewesen sein

Imperativ	**Singular**	sei gestellt/(sei gelobt)
	Plural	seid gestellt/(seid gelobt)

Substantiv (Nomen)

	Kasūs (Fälle)	schwache Deklination		starke Deklination
Singular	Nominativ Genitiv Dativ Akkusativ	der Bär des Bären dem Bären den Bären	die Frau der Frau der Frau die Frau	das Kind des Kindes dem Kind(e) das Kind
Plural	Nominativ Genitiv Dativ Akkusativ	die der Bären den die	die der Frauen den die	die Kinder der Kinder den Kindern die Kinder

Pronomen

Personalpronomen

		1. Person die von sich selbst spricht	2. Person die angesprochen wird		3. Person (Sache), von der gesprochen wird		
			vertraulich	höfliche Anrede	Maskulinum	Femininum	Neutrum
Singular	Nominativ Genitiv Dativ Akkusativ	ich meiner mir mich	du deiner dir dich	Sie Ihrer Ihnen Sie	er seiner ihm ihn	sie ihrer ihr sie	es seiner ihm es
Plural	Nominativ Genitiv Dativ Akkusativ	wir unser uns uns	ihr euer euch euch	Sie Ihrer Ihnen Sie		sie ihrer ihnen sie	

Reflexivpronomen

		1. Person	2. Person	3. Person
Singlar	Nominativ Genitiv Dativ Akkusativ	– meiner mir mich	– deiner dir dich	– seiner (Maskulinum/Neutrum)-/-ihrer (Femininum) sich sich
Plural	Nominativ Genitiv Dativ Akkusativ	– unser uns uns	– euer euch euch	– ihrer sich sich

Adjektiv

Das Adjektiv ohne Artikel (stark)

		Maskulinum	Femininum	Neutrum
Singular	Nom. Gen. Dat. Akk.	heller Stein (statt) hellen Stein(e)s (aus) hellem Stein (für) hellen Stein	harte Pappe (statt) harter Pappe (mit) harter Pappe (für) harte Pappe	graues Metall (statt) grauen Metalls (aus) grauem Metall (für) graues Metall
Plural	Nom. Gen. Dat. Akk.	helle Steine (statt) heller Steine (aus) hellen Steinen (für) helle Steine	harte Pappen (statt) harter Pappen (mit) harten Pappen (für) harte Pappen	graue Metalle (statt) grauer Metalle (aus) grauen Metallen (für) graue Metalle

Das Adjektiv nach dem bestimmten Artikel (schwach)

		Maskulinum	Femininum	Neutrum
Singular	Nom. Gen. Dat. Akk.	der große Wagen des großen Wagens dem großen Wagen den großen Wagen	die schöne Frau der schönen Frau der schönen Frau die schöne Frau	das schnelle Auto des schnellen Autos dem schnellen Auto das schnelle Auto
Plural	Nom. Gen. Dat. Akk.	die der den die } großen Wagen	schönen Frauen	schnellen Autos

Das Adjektiv nach *ein, kein, mein* usw. (gemischt)

		Maskulinum	Femininum	Neutrum
Singular	Nom. Gen. Dat. Akk.	ein kleiner Hund eines kleinen Hundes einem kleinen Hund einen kleinen Hund	eine schöne Puppe einer schönen Puppe einer schönen Puppe eine schöne Puppe	ein warmes Zimmer eines warmen Zimmers einem warmen Zimmer ein warmes Zimmer
Plural	Nom. Gen. Dat. Akk.	keine kleinen Hunde keiner kleinen Hunde keinen kleinen Hunden keine kleinen Hunde	keine schönen Puppen keiner schönen Puppen keinen schönen Puppen keine schönen Puppen	keine warmen Zimmer keiner warmen Zimmer keinen warmen Zimmern keine warmen Zimmer

Grammatik Glossar

Zur schnellen Orientierung folgen hier die wichtigsten Begriffe.
Schwierige Pluralformen werden in Klammern (pl - i) angegeben, wobei der – (Bindestrich) den Wortstamm ersetzt.
Bei Wörtern aus anderen Sprachen als der deutschen wird das Genus mit m (= maskulin), f (= feminin), n (= neutral) angegeben.

A

Ablaut 5, 15, 16
regelhafter Wechsel des Stammvokals in zusammengehörigen Wörtern

springen, sprang, gesprungen

Ableitung 8
eine Form der Wortbildung

Leere von *leer*

Adjektiv (n) .... 9, 10, **25 ff.**
Eigenschaftswort

froh, lustig

Adverb (n) .... 9, 26, **28 f.**
Umstandswort

damals, oft

adversativ 32
entgegengesetzt

Akkusativ (m) .... **19 f.**, 37
der 4. Fall, „Wen-Fall"

den Menschen, die Frau, das Kind

Apposition (f) 40
Beifügung in Form eines Substantivs

Theodor, der Torwart, hatte Schnupfen.

Aktiv (n) 12
Form des Genus verbi, die das Geschehen als „Tätigkeitsform" wiedergibt

Er geht spazieren.

Artikel (m) 9, 21, 26, 35
„Geschlechtswort", Begleiter des Substantivs

der, die, das, ein

Attribut (n) 25, 35, 40, 44
Beifügung

ein schwerer Sturm

D

Dativ (m) .... **19 f.**, 37, 40
der 3. Fall, „Wem-Fall"

dem Menschen, der Frau, dem Kind

Deklination (f) .... 9, **20 ff.**
Veränderung der Form, „Beugung", von Substantiv, Arikel, Pronomen und Adjektiv

Demonstrativpronomen (n) 23
hinweisendes Fürwort

dieser, jene

disjunktiv 32
ausschließend

E

Elativ (m) 26
Superlativ, der nicht zum Vergleich verwendet wird. Der Elativ gibt einen sehr hohen Grad an.

höchst erfreulich

F

fakultativ
nicht unbedingt notwendig

Feminin|um (n) (pl. - a)
die weibliche Form eines Wortes

die Frau

final 33
den Zweck, die Absicht betreffend

finit
„bestimmt“ (bei Verbformen)

Flexion (f) 7, 9
„Beugung“ Oberbegriff für
Deklination und Konjugation

Futur (n).................................. 11 ff.
Tempus mit Zukunftsbezug

G

Genitiv (m) .... **19 f.**, 38
der 2. Fall, „Wes-Fall“

des Menschen, der Frau, des Kindes

Gen|us (n) (pl. - era) .... **17 f.**
grammatisches Geschlecht

das Kind

Genus verbi (n) 10, 12
Aktions- oder Handlungsform des Verbs, Genera verbi im Deutschen sind Aktiv und Passiv

H

Hilfsverb (n) 12
Bezeichnung für die Verben: *haben, sein* oder *werden,* wenn sie Teil einer zuammengesetzen Verbform sind.

er hat gefaulenzt, sie ist gewandert,
er wird gewaschen

I

Imperativ (m)...................... 13, **15 f.**, 41 f.
Befehlsform des Verbs

Lies!

Indefinitpronomen (n)........................ 23
unbestimmtes Fürwort

jemand, irgendwer

Indikativ (m)...............................13, 15
Wirklichkeitsform des Verbs

Ich gehe nach Hause.

infinit
unbestimmt

Infinitiv (m) 10, 11, 42
Grundform des Verbs

laufen, sitzen, lachen

Initialabkürzung.............................. 8
Wortbildungsmittel

Unbekanntes Flug-Objekt: UFO

Interjektion (f)............................... 30
„Ausrufwort“

Aua, ächz

Interrogativpronomen (n) 23
Fragefürwort

wer, was?

intransitiv
Bezeichnung der Verbeigenheit,
kein Akkusativobjekt und kein persönliches Passiv bilden zu können.

Inversion (f) 39
Umkehrung der üblichen Wortstellung

K

Kas|us (m) (pl - ūs)................ 17, 19, 20, 30 f.
„Fall“, Bezeichnung für die Bezugsverhältnisse der deklinierbaren Wörter.
Kasus im Deutschen sind:
Nominativ, Genitiv, Dativ, Akkusativ

kausal 33
begründend

Komparativ (m).............................. 26
Vergleichsform des Adjektivs

höher

Komposit|um (n) (pl. - a)...................... 8
zusammengesetztes Wort

Bankschalter

konditional.................................. 33
die Bedingung betreffend

Kongruenz (f) 37
formale Übereinstimmung zusammengehöriger Satzglieder oder Teile von Satzgliedern

Ich kenne einen fleißigen Studenten

Konjugation (f) .... 9, 10, 15 f.
Veränderung der Form, „Beugung", des Verbs

ich gehe, du gehst, er geht

Konjunktion (f) .... 9, 28, **32 f.**, 42
„Bindewort"

weil, dass

Konjunktionalsatz 32, **42**
Nebensatz, der mit einer Konjunktion eingeleitet wird

Konjunktiv (m) .... **14 ff.**
Möglichkeitsform des Verbs

du könntest mich vertreten

konsekutiv 33
die Folge betreffend

konzessiv 33
einräumend

Koordination (f) 32, 42
Nebenordnung

kopulativ 32
reihend

Kunstwort 8
künstlich gebildetes Wort

Vectra, Persil

Kurzwort 8
Wort, das aus einem zusammenhängenden Teil eines Wortes besteht

Kat von *Katalysator*

L

lokal
örtlich

M

Maskulin|um (n) (pl. - a)
die männliche Form eines Wortes

der Baum

modal 33
die Art und Weise bezeichnend

Mod|us (m) (pl. - i) 10, 13
Aussageweise des Verbs

N

Negationswort 9, 29
Wort, das eine Verneinung angibt

nicht, kein

Neutr|um (n) (pl. - a)
die sächliche Form eines Wortes

das Haus

Nom|en (n) (pl. - ina)
Sammelbezeichnung für Wortarten, die deklinierbar sind
vgl. dazu S. 4

Nominativ (m) .... **19 f.**, 36
der 1. Fall, „Wer-Fall"

der Mensch, die Puppe, das Haus

Numer|us (m) (pl. - i)
.... **10 f.**, 19, 21, 37
„Zahl", Bezeichnung der Fähigkeit von Wörtern, die Anzahl der bezeichneten Gegenstände anzugeben. Numeri im Deutschen sind Singular und Plural.

O

Objekt (n) .... 35 f., **37 f.**, 44
Satzglied, das vom Prädikat abhängt

Du verlierst den Faden.

obligatorisch
verbindlich, notwendig

P

Partikel (f) (pl. - n) 9, **29**
„Teilchen", unflektierbare Wortart zur Hervorhebung oder zur Angabe eines Grades

bloß, eh

Partizip (n) 10, 41, 42
„Mittelwort", Verbform, die dem Adjektiv ähnelt

gegessen, laufend

Passiv (n) 12
Form des Genus verbi, die das Geschehen vom Handlungsträger abgewandt wiedergibt, „Leideform"

er wird gewaschen

Perfekt (n) .... 11 ff.
Tempus mit Vergangenheitsbezug, kennzeichnet die vollendete Gegenwart

sie hat gelernt

Person .... **10 f.**, 37
Form des Verbs oder Pronomens, die an die Person oder Sache gebunden ist, über die etwas ausgesagt wird

Du schläfst

Personalpronomen (n) 22
persönliches Fürwort

du, wir

Plural (m) .... **19 ff.**
Mehrzahl

die Affen, die Bäume, die Omas

Plusquamperfekt (n) .... 11 ff.
Tempus zur Kennzeichnung der vollendeten Vergangenheit

Er hatte sie angerufen.

Possessivpronomen (n) 23
Besitzanzeigendes Fürwort

dein, unser

Prädikat (n) .... **35 ff.**
Satzglied, verbaler Kern des Satzes, „Satzaussage", die zusammen mit dem Subjekt einen Satz bildet

Er isst.

prädikativ .... **24 f.**, 39
bedeutungstragender Bestandteil eines zusammengesetzten Prädikates

August ist dumm.

Präfix (n) 5, 6, 7
Wortbildungsmittel „Vorsilbe"

be-wässern, ent-wischen

Präposition (f) .... 9, 21, 28, **30 ff.**
Verhältniswort

bei, in

Präsens (n) .... 11 ff.
Tempus der Gegenwart

es regnet

Präteritum (n) .... 11 ff.
Tempus der Vergangenheit

sie kam, sah und siegte

Pronomen (n) .... 9, **21 ff.**
Fürwort

sie, es, mein

R

Reflexivpronomen (n) **22**
rückbezügliches Fürwort

sich, mich

Rektion (f) 20, 30
Fähigkeit von Verben, Adjektiven und Präpositionen, den Kasus eines abhängigen Wortes zu bestimmen

Relativpronomen (n) 23, 44
Fürwort mit Bezug auf ein vor ihm stehendes Satzglied

der Witz, den ich neulich gehört habe ...

Relativsatz 23
Nebensatz, der mit einem Relativpronomen eingeleitet ist

der Rucksack, der am Ufer steht ...

restriktiv 32
einschränkend

S

Satzglied 34
Kleinster, selbständiger Teil eines Satzes

Sexus (m).................................... 17, 18
natürliches Geschlecht

die Frau, der Mann

Silbenwort 8
Abkürzungswort

Azubi von *Auszubildender*

Singular (m) 19
Einzahl

eine Blume, die Wiese

Steigerung (Komparation) .... **26 f.**
Eigenschaft von Adjektiven, den Grad einer Eigenschaft zu steigern

lieb, lieber, am liebsten

Subjekt (n) .... **35 ff.**, 44
Satzglied, das „Zugrundeliegende“, Satzgegenstand, der mit dem Prädikat einen Satz bildet

Der Hund frisst.

Subordination (f) 33, 42
Unterordnung

Substantiv (n) .... 9, **17 ff.**
Hauptwort

die Mühe, das Geld
vgl. dazu S. 3

Suffix (n) 7, 8, 28
Wortbildungsmittel, „Endsilbe“

Besorg-ung, Hinder-nis

Superlativ (m) .... 26 f.
höchste Steigerungsstufe des Adjektivs

beste, feinste

T

temporal 33
zeitlich

Temp|us (n) (pl. - ora) .... **10 ff.**, 37
Kategorie zur Einordnung des Verbs in den Zeitverlauf

transitiv
„übergehend“, Bezeichnung der Eigenschaft von Verben, ein Akkusativobjekt nach sich zu ziehen und ein persönliches Passiv zu bilden

essen – den Apfel, der Apfel wird gegessen

U

Umlaut.................................... 5
Bezeichnung für die Vokale

ä, ö, ü

V

Verb (n).............................. 5 f., 9, **10 ff.**
Wortart, die Handlungen, Tätigkeiten oder Vorgänge ausdrückt, „Tätigkeits-“ oder „Zeitwort“

sammeln, tauschen, sitzen

W

Wortstamm 5
bedeutungstragender Teil eines Wortes

Verneigung von neigen